비즈니스 리더를 위한 AI 활용법

Artificial Intelligence

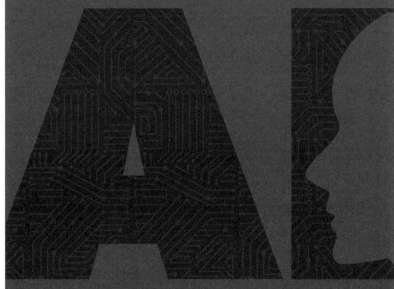

교양으로서의 **인공지능**

이상진 지음

시크릿하우스

누구나 쉽게 이해하는
인공지능

코로나19 COVID-19 바이러스의 세계적인 대유행 pandemic 으로 직장이나 공장이 폐쇄되고 비즈니스가 단절되었으며, 비대면 방식의 대학 강의나 줌 또는 웹엑스 webex 와 같은 솔루션을 이용한 웹비나(웹+세미나) 같은 온라인 화상회의가 무척 빠른 속도로 한국 사회에 보편화되고 있다.

한국인들은 4차 산업에 대한 막연한 이해와 두려움, 기대를 가지고 변죽만 울리면서 머뭇거리다가 2020년 1월 코로나19가 국내에 발발된 이후 자의 반 타의 반으로 인공지능과 디지털 변혁의 시대 한가운데로 들어서게 되었다.

사티아 나델라 Satya Nadella 마이크로소프트 CEO는 "코로나19가 일과 생활 모든 면에 영향을 끼치면서 우리는 최근 2개월 동안 2년

치의 디지털 혁신을 경험하고 있습니다"라고 언급했다. 언택트[untact] 사회로 이동하는 뉴 노멀[new normal] 시대가 도래하여 신기술의 영향이 급속히 증가하고 있는 것이다.

한국 사회는 이러한 코로나19 사태와 같은 큰 변화뿐만 아니라 여러 측면에서 인공지능이 적극 활용될 수 있는 최적의 환경 요건을 구비하고 있다.

첫째, 전 세계에서 한국만큼 제조업이나 서비스업이 골고루 발전하여 인공지능을 접목시키기 좋은 나라는 중국 정도를 제외하고는 찾아보기 어렵다. 둘째, 임금 수준이나 주 52시간 근로시간제한 등으로 특히 제조업에서 인공지능을 적용하여 제품과 서비스의 부가가치와 품질 경쟁력을 높이거나 생산 과정에서 비용을 절감할 수밖에 없는 경영 환경에 직면하고 있다. 셋째, 한국 소비자들은 신기술에 대한 수용성이 매우 높은 얼리 어답터[early adopter]이고 신기술의 테스트 베드[test-bed]일 뿐만 아니라, 평균적으로 지능 수준이 높고 고학력 계층이 많다. 넷째, 1Gbps 수준의 초고속 통신망이 전국에 그물망처럼 깔려 있고, PC나 스마트폰의 보급률이 전 세계 최고 수준이다.

이런 좋은 토양에도 불구하고 서비스업과 제조업에 적용된 인공지능 솔루션은 기대와 달리 미미하고 미국 실리콘밸리, MIT 등이 소재한 동부 지역, 중국의 심천·상해·항저우 등의 수많은 인공지능 유니콘과 대학들이 이 분야를 주도하고 있다.

나는 2019년 10월 22일, 세계적인 안면인식 인공지능 업체인 센스타임Sense Time 상해 지사에서 충격적인 현실을 목도했다. 상해 지사에 근무하는 2,800명 직원 중 2,500명이 인공지능 솔루션 개발 엔지니어인 점도 놀라웠지만, 파이썬python 프로그래밍을 기술한 중학생용 《인공지능입문》과 인공지능의 핵심 개념들을 수학적으로 기술한 고등학생용 《인공지능기초》를 출간하고 이것을 상해에 있는 중학교 및 20개 고등학교에서 교과서로 채택하고 있어 매년 2,000명에 가까운 고교생들이 현재 한국 석사과정 정도에서 배우는 인공지능 지식을 갖춘 채 졸업한다는 것이다.

이와는 대조적으로, 2019년 11월에 제조업 품질개선을 지도하는 경영학과 및 산업공학과 교수님 180명을 대상으로 품질토크쇼를 진행하면서 '경사하강법'이나 '서포트 벡터 머신'의 개념을 알고 있는 분들을 현장에서 파악했더니 5명 정도에 불과했다. 전사적 보전 관리나 식스 시그마 등 기존의 방법론을 통해 제조업 현장의 품질이 일부 개선이 되는 것만으로는 4차 산업혁명이 가져오는 새로운 서비스와 제품의 출현, 아마존·구글과 같은 스마트혁신 제조업체 등이 가져올 업종의 단절적인 변화에 대처하기에는 미흡하다. 오히려 적당한 개선에 만족함으로써 디지털 변혁Digital transformation이 가져오는 도전에 대응하고 환골탈태하여 새로운 탈출구를 마련하는 것에 소홀해질 수 있다.

인공지능의 효용과 이에 대한 학습의 부족은 교육자에게만 한정된 것이 아니라 기업의 간부나 임원, 중앙과 지방정부의 사무관급 이상의 공무원, 언론인, 정치인 등 비엔지니어들에게도 마찬가지다. 인공지능의 개념 및 구성요소, 체계와 원리, 적용 사례 및 적용 기준, 정책적 경영적인 함의 등에 대해 무지하거나 너무 전문적이라는 선입관을 가진 채 자신이 이해하려 하지 않고 엔지니어에게 맡겨 추진하면 되는 것으로 치부하고 있다.

나는 2020년 3월, 《블록체인 마스터》라는 책을 출간하면서 인공지능과 블록체인은 '21세기 교양'이라고 주장했다. 중국의 중학교와 고등학교 교과 과정에서 교양 과목으로 인공지능을 배우는 것만 봐도 알 수 있다. 21세기 교양인 인공지능과 기계학습Machine learning에 대한 소양을 갖추지 않으면 경영·산업·정책·교육 분야에 종사하는 그 누구를 막론하고 경쟁력을 잃고 한계 상황에 부딪힐 것이라고 생각한다.

이 책을 저술한 목적은 프로그래밍이나 수학적 지식이 없는, 엔지니어가 아닌 일반 독자들에게 현 시점에서의 전반적인 인공지능 모습과 인공지능의 개념, 기초 원리와 응용 사례 등을 너무 기술적이지 않은 용어non-technical term로 소개함으로써 교양적 지식을 쌓는 것뿐만 아니라, 자신과 관계있는 영역에서 인공지능을 어떻게 적용할 수 있는지 고려할 수 있을 만큼 지식수준을 끌어올리는 데 도움을 주고자 함이다.

인공지능은 복잡하고 신비한 것으로 엔지니어가 알아서 하는 것이 아니라, 고졸 수준의 학력만 보유하고 있어도 기초적인 원리와 적용 사례를 이해하는 것은 그다지 어렵지 않다. 독자에 따라 이 책에 포함된 알고리듬에 대한 이해를 돕기 위해 적어놓은 수학 공식을 읽지 않아도 무방하다.

구글 검색, 국내 이동통신사의 음성인식 스피커, 넷플릭스의 영화 추천, 신용카드의 부정사용 적발 등 인공지능은 이미 우리의 생활 속 깊이 침투해 있다. 많은 시간이 소요되는 노동집약적인 성격의 데이터 구축·정비·관리, 기계학습의 알고리듬, 인공지능 산업의 특성에 대해 이해하고 그 개념이나 기술이 어떻게 활용되고 현대인의 삶에 영향을 미치는지 알게 되어 독자들의 사업이나 투자, 정책 개발에 있어 깨달음의 순간eureka moment이 오기를 희망한다.

아이작 뉴턴Isaac Newton이 흑사병 창궐 시 캠브리지 대학을 휴학하고 고향으로 피신 와 만류인력의 법칙을 발견하고, 1687년 '자연철학의 수학적 원리principia Mathematica'를 발간함으로써 1905년 아인슈타인이 상대성 이론을 발표할 때까지 물리학계를 지배해왔다. 많은 한국의 보통 사람들이 코로나19의 전 세계적인 대유행 중이나 혹은 그 이후 시기Post-Corona era에 자신만의 '인공지능 법칙'을 찾아내고 정립해나가는 데 이 책이 방향타가 되었으면 한다.

2020년 7월
한국표준협회 디지털트랜스포메이션 센터 사옥에서

이상진

차 례

Artificial Intelligence

제1장

AI

뉴 노멀,
인공지능이
온다

Artificial Intelligence

코로나19로 인한 거대한 변화

코로나는 우리의 생활과 삶에 큰 변화를 가져왔을 뿐만 아니라 세상의 근본적인 질서를 바꾸고 있다. 이 거대한 변화는 다섯 가지 정도로 요약할 수 있다.

1 글로벌 자유무역 질서의 붕괴 Collapse of the global free trade governance

각국의 보호무역주의가 더욱 강화되고 미·중 양대 강국이 한 치의 양보 없이 대립하면서 세계무역기구WTO의 역할이 축소되고 있다. 거시적인 차원에서 국제통상을 관리하는 통할 체제

governance가 사라지면서 글로벌 기업들이 그 역할을 대체하고 있으나 전체적인 조정이나 이익의 균형은 이루어지지 않고 있다.

2 창의적 계급의 등장 Emergence of creative classes

코로나19 이전에는 바쁜 일상에 쫓기던 많은 경영자나 여론 주도층이 사회적 거리 두기를 하면서 스스로를 돌아보고, 그동안 충분한 시간을 두고 검토하지 못했던 부분에 대한 고민을 하거나 새로운 분야에 대한 학습과 숙고를 하면서 다가올 미래에 대비할 계획이나 그림을 그릴 수 있게 되었다. 마치 캠브리지 대학 4학년생이던 뉴턴이 흑사병이 발발한 이후 고향으로 피신하여 만유인력과 운동의 법칙 등 위대한 창조적 발견을 이루었던 것과 같은 상황이다.

3 초심과 근본적인 이슈로 돌아가기 Back to basic

코로나 바이러스가 창궐하면서 생산과 직장 생활의 중단, 사회적 격리와 가족과 함께하는 시간의 증가, 코로나19 확진자의 치료 문제, 재택근무와 온라인 교육·웹 기반 회의 등은 삶의 소중한 가치가 무엇인지, 자신이 속한 조직의 효용성이 무엇인지 등에 대해 돌아보는 계기가 되었다. 인간의 과도한 자원의

교양으로서의 인공지능

소비가 자연과 환경에 미치는 영향에 대해서도 눈으로 확인할 수 있었다.

④ 비대면 처리Digitact application

코로나 이전의 언택트는 밀레니얼 세대를 중심으로 불필요한 대면 접촉을 최소화하고자 하는 욕구에서 비롯된 것으로 이상적인 것을 실행하는 향상적인 관점이었다면, 코로나 이후의 언택트는 모든 연령층에서 위험한 것을 피해야 한다는 방어적이고 당위적인 성격을 띠는 것으로 예방적인 것이다. 따라서 자기조절 초점이론self-regulatory focus theory의 렌즈로 보면 디지털로 모든 일을 해결하는 것을 필요불가결하게 받아들이고 수용성이 매우 높아 전면적인 현상으로 안착한다.

자료 1-1 향상초점, 예방초점

출처: 이유재, 〈디지털 트랜스포메이션이 여는 서비스 혁명〉, 한국표준협회 서비스 미래혁신 심포지움, 2020.7.2.

5 비즈니스의 지각변동 Seismic change in businesses

2020년 6월 23일과 24일에 개최된 북미지역 최대 테크 컨퍼런스인 콜라이전 collision에서 전 야후 CEO인 앤드류 양 Andrew Yang은 "코비드 - 19로 인해 미국에서 1,600만 개의 일자리가 영원히 사라졌다"고 말했고, 전 시스코 회장 존 체임버스 John Chambers는 "코로나 팬데믹으로 인해 내년까지 스타트업의 20~30퍼센트가 사라지고 10년 이내에 포춘 500대 기업의 40퍼센트가 사라질 것"이라고 예측했다.

대지진으로 인해 많은 건물이 붕괴되듯이 산업계에 지각 변동이 발생하고 많은 기업과 업종이 사라질 것이다. 특히 '온라인 +인공지능+블록체인+IoT+로봇'의 조합이 신기술을 비즈니스에 접목하거나 아예 완전히 새로운 제품과 서비스를 출현시킬 것이다. 더욱이 이러한 4차 산업혁명 기술 기업들은 단위 생산 요소를 투입할수록 생산량 증가분이 늘어나는 수확체증 increasing returns to scale이 발생하여 승자 독식과 쏠림 현상이 뚜렷해질 것이다. 승자 독식이 일어나는 근본적인 동인은 신기술 효과, 온라인 네트워크 효과, 타 업종 비즈니스와의 융합과 타 산업과의 경계 파괴 cross-over다.

뉴 노멀의 네 번째와 다섯 번째 특징은 경제와 사회 변혁의 바람을 누구도 피해갈 수 없고, 그 중심에 위치한 인공지능이 전 세계에 본격적으로 확산되는 주요 동인이다. Y2K* 문제가 발생했을 때 영어로 소통이 가능한 소프트웨어 엔지니어가 대거 필요해짐으로써 인도인에 대한 고용 비자가 확대되어 인도 출신 IT기업 CEO가 대거 실리콘벨리에 진출하는 기회를 잡았다. 코로나 바이러스 위기도 인공지능 엔지니어와 인공지능 관련 솔루션 개발 기업 및 적용 기업에게 지각을 변동시킬 기회를 주고 있다.

* 컴퓨터가 서기 2,000년을 인식하지 못해 발생하는 프로그램 가동 중단.

왜 인공지능을 이해해야 하는가?

인공지능AI/Artificial Intelligence은 140년 전 에디슨이 전구를 발명했을 때와 마찬가지로 모든 산업 분야를 변혁시킬 것으로 예상되고, 2030년까지 13조 달러의 GDP 성장을 가져올 것으로 예측된다. 인공지능의 등장은 제품이나 서비스의 공급자뿐만 아니라 조직의 운영이나 절차의 개선으로 효율성을 높일 수 있고, 새로운 비즈니스 기회를 만들 수 있다는 점에서 많은 관리자들이 관심을 기울이고 있다.

인간은 과거의 경험이나 지식을 학습한다. 반면 컴퓨터는 프로그래머가 작성한 코드에 의해 명령 되는대로 작동해왔다. 하지만 이제 컴퓨터도 과거의 경험(컴퓨터의 경우에는 데이터)으로부터 인간이 작성한 프로그램 명령어의 통제를 받지 않고 스스로 학습할 수 있는 시대가 도래하고 있다. 일반적으로 인간이 잘 수행하지 못하는 수많은 데이터를 동시에 처리하는 장점을 가지고 있어 인공지능과 인간의 하이브리드 작업Al human hybrid work으로 생산성을 크게 높일 수 있다.

특히 콜 센터의 경우 챗봇이나 RPARobotic process automation(로보틱 프로세스 자동화로 불리며, 단순 반복 업무를 미리 정해진 업무흐름에 따라 자동으로 처리해주는 소프트웨어)의 도움을 받아 인공지능이 일상적이고 반복적인 업무를 하고, 인간은 인공지능이 학습하지 못한 복합적이거나 돌발적인 상황에 집중하면 성과를 크게 개선시킬 수 있다. 사고가 난 차량의 부위를 스마트폰으로 사진만 찍어도 그 사진의 이미지를 바탕으로 사고가 난 부위를 교체할 것인지 수리할 것인지 또는 어느 정도 비용이 소요되는지를 판단할 수 있는 서비스가 많이 출시되었고 많은 손해보험회사에서 이미 이러한 인공지능 앱을 사용하고 있다. 영국의 Tractable이란 회사는 이미 수만 장의 사고 이미지 데이터와 자동차의 차대번호를 연결하고 인공지능 알고리즘을 훈련시켜 수 초 내에 손해사정을 할 수 있게 함으로써 손해사정인이 하는 직업의 상당 부분을 대체하는 현상이 발생하고 있다.

인터넷 시대가 성숙되고 컴퓨터화·자동화가 급속하게 진전됨에 따라 클릭 데이터, 의료 데이터, 거래 데이터 등 수많은 데이터가 만들어지고 있고, 컴퓨터의 연산처리 능력은 기하급수적으로 증가하여 놀라운 양의 정보를 순식간에 처리할 수 있게 되었다. 딥러닝이 인공지능 알고리듬의 일대 혁신을 가져온 이후 지속적으로 새로운 알고리듬이 출현하여 보다 효과적인 기계학습machine learning을 할 수 있도록 하고 있다. 인공지능을 활용하여 과거에는 상상하지 못했던 많은 일들, 예를 들면 자율주행·필기체 인식·음성인식 스피커 등을 처리하고 높은 부가가치를 만들어내기 시작했다.

통상적인 컴퓨터 프로그래밍은 프로그래머에 의해 모든 환경에서 정확히 해야 할 작업을 구체적으로 지시하도록 작성된 코드에 의해 사전에 결정되어진 것에 따라 가동되는 것이다. 인공지능은 컴퓨터 프로그램이기는 하지만 프로그래머의 구체적인 지시나 개입이 없이, 패턴 인식에 대한 명백한 지시 없이도 컴퓨터 스스로의 경험을 바탕으로 데이터의 패턴을 인식하고 분석하여 대응한다.

인공지능은 구글이나 아마존, KT, 네이버 등의 서비스에서 많이 활용되고 있다. 구글과 넷플릭스 같은 경우 인공지능을 기반으로 이용자의 검색이나 이용 패턴을 분석하여 적합한 뉴스나 영화를 추천한다. 애플 스마트폰은 안면 인식을 통해 스마트폰 사용의 잠금 기능을 풀 수도 있다. 구글 클라우드의 'Vision AI'는 알고리듬을 직접 작성하지 않고도 개인이 찍은 이미지 데이터를 클라우드에 올려 레이블label이 있는 경우에는 모델을 학습시키고 성능을 평가하거나 레이블이 없는 이미지가 포함된 데이터 세트에는 레이블링을 하여 데이터를 훈련시킬 수 있다. 또한 이미지 데이터에 관한 위치, 속성 등에 관한 정보를 추정하는 서비스를 제공한다.

규칙이 적용된 프로그래밍rule-based programming과 달리 'Vision AI'에서 알 수 있듯이 최근의 인공지능은 분석을 위해 투입된 데이터를 처리한 산출물을 확률적으로 보여준다. 따라서 인공지능은 비즈니스의 환경이나 조건, 시장의 추세 변화가 있더라도 이러한 것을 수용하여 적절한 결과를 도출하는 것이 가능하다. 규칙 적용 프로그래밍은 특정 여건 하에서는 정확도가 매우 높지만 인간이 데이터 세트에 대한 모든 규칙을 확인하는 것은 불가능하다. 반면 인공지능은 특정 모델의 알고리듬을 이용하여 데이터를 계속 훈련시켜나가면서 그 정확도를 개선하는 것이 가능하다.

인공지능은 데이터 수집 → 분석과 모델링 → 상용화의 단계를 밟는다. 인공지능을 조직과 기업에 적용할 때 분석과 모델링을 했지만 상용화가 잘 이루어지지 않는 경우가 많다. 양 단계간의 큰 골짜기chasm가 생기는 이유는 디지털 변혁digital transformation에서 너무 디지털과 데이터만을 강조하다 보니 디지털 기술에 익숙하지 않은 계층들이 그것을 받아들이기 힘들고 집행은 되지 않는다. 데이터가 중요하지만 근본적인 목표는 데이터를 활용하여 부가가치를 높이고자 하는 제품이나 서비스 또는 조직 운영의 개선 등이다. 결국 이를 집행할 대다수의 디지털 비전문가non digital native를 감안하여 이행 이슈를 고민해야 한다.

가장 중요한 이슈는 독자들이 생각하고 씨름하고자 하는 문제의 성격에 대한 이해가 선행되어야 한다는 것이다. 해결하고자 하는 문제의 도전적인 측면에 대해 깊이 생각하지 않은 상태에서 인공지능/기계학습을 적용하면 오히려 더 좋지 않은 결과를 초래할 수 있다. 해결하고자 하는 문제나 궁금증이 분명해지면 인공지능을 접목하는 데 다음과 같은 사안들을 살펴봐야 한다.

첫 번째로 무엇이 기계학습인지를 이해해야 한다. 기계학습이 무엇을 할 수 있고 할 수 없는지를 직관적으로 파악하여 기계학습으로 해결할 수 있는 조직이나 기업의 문제가 무엇인지 파악해야 한다. 두 번째로 인공지능 역량센터를 두어 조직 구성원들이 찾아가 자문을 구하고 필요한 조치나 학습을 하도록 해야 한다. 세 번째로 조직이 보유하고 있는 데이터의 종류나 상태에 대한 총체적인 이해와 향후 어떤 데이터를 구축할 것인지를 검토해야 한다. 보유하고 있는 데이터에 실질적으로 접근한 뒤 서로 다른 데이터 세트를 뽑아서 알고리듬을 훈련시켜야 한다. 즉, 내부적으로 데이터 웨어하우징warehousing뿐만 아니라 전략적인 데이터의 획득이 병행되어야 한다. 필요하다면 고객의 거래 데이터를 확보할 때 비용을 지불할 수도 있다. 네 번째로 이러한 학습 결과를 바탕으로 인공지능 시스템을 제품이나 서비스에 포함시켜서 효율성을 증대하고 문제를 해결해야 한다.

인공지능 시대, 기업의 적자생존

2018년 11월, 중국 항저우에 위치한 알리바바 본사에 방문해 비즈니스 협약을 논의한 적이 있었다. 이때 알리바바의 스마트폰 결제앱인 알리페이에서 생성된 데이터를 관리하고 운용하는 '개미금융^{Ant Financial}'을 소개받았다. 5억 명 사용자의 결제 기록인 빅데이터를 활용해서 다양한 서비스를 제공하는데 알리바바의 C2C몰인 taobao.com에 입점한 개인 판매자의 경우 500만 원 정도의 소액대출은 아무런 서류나 보증이 없어도 5초 이내에 결정되고, 대출관련 부실율도 0.02퍼센트 정도밖에 되지 않는다는 놀라운 사실을 들었다. 개미금융은 2015년에 사업을 처음 시작하고 2018년에 마지막으로 펀딩하고 난 뒤 시장평가액이 무려 1,500억 불로 세계 제일의 유니콘으로 등장했다.

GAFA(Google, Apple, Facebook, Amazon), 알리바바, 텐센트, Zebra Medical Vision, Indigo AG, 오카도와 같은 인공지능 기반의 기업들이 기존의 인력 운영이나 사업 방식을 벗어나 기계학습을 바탕으로 완전히 새로운 세계를 창출하고 있다. 특히 전 세계적인 코로나19의 대유행으로 디지털 변혁은 이제 지구상의 거의 모든 국가에서 발생하여 어마어마한 속도로 진화하고 있고, 경쟁의 규칙은 완전히 바뀌었다. 마침내 수많은 사람이 원하든 원하지 않든 4차 산업혁명과 인공지능의 시대 한가운데로 떠밀려온 것이다.

앞서 언급했듯이, 2020년 북미 최대의 테크 컨퍼런스인 콜리전^{Collision}에서 전 시스코 회장 존 체임버스는 2021년까지 30~40퍼센트의 스타트업이 사라질 것이라고 경고했다. 그 근거로 지난 2000

년 닷컴버블 때 스타트업의 50퍼센트, 2008년 금융위기 때 30퍼센트가 사라졌는데 이번 코로나 팬데믹은 자신의 경험을 비춰봤을 때 30~40퍼센트가 사라질 것이라는 것이다. 코로나 팬데믹이 자동화와 신기술, 디지털화, 인공지능(AI), 새로운 비즈니스 모델의 변화를 가속화하기 때문에 향후 10년 내에 포춘 500대 기업의 40퍼센트가 사라질 것이라고도 예측했다.

이제 과거처럼 생산의 3대 요소인 자본, 노동, 기술의 개념에서 벗어나 가치 창출과 경쟁력의 원천을 다시 한 번 생각해봐야 한다. 1980년대의 TV와 2020년의 TV는 명칭만 같지 완전히 다른 제품이다. 동일 명칭으로 불리는 것에 함몰되어 기존 틀의 연장선상에서만 받아들이려 한다면 비즈니스 분야에서의 지각 변동seismic change에 적응하지 못하고 도태된다. 이러한 대지진의 진앙이 바로 급속히 증가되고 있는 데이터를 학습하여 문제를 예측하고 결과를 제시하는 인공지능인 것이다.

기업 내외부의 데이터를 이용하여 인공지능 학습과 분석은 예측, 통찰, 선택을 하는 데 주도적인 역할을 한다. 인간의 논리적 사고를 흉내 내거나 인간의 역량과 비슷한 정도의 '강한 인공지능strong AI'이 아니더라도 기존의 인간이 하던 많은 부분을 대체하는 '약한 인공지능weak AI'만으로도 컴퓨터 시스템은 비즈니스와 업무의 효율을 크게 향상시키고 있다. 이러한 인공지능 접목의 4가지 핵심 요소는 첫째, 체계적이며 지속 가능한 확장성이 있는 방식으로 데이터를 수집·정제·통합하는 것이다. 둘째, 예측과 패턴을 잡아내는 알고리듬이다. 셋째, 가설을 세우고 알고리듬을 접목하여 모델을 세워 의도한 효과를 달성하는 지를 시험하는 것이다. 넷째, 인공지능 소프트웨어와 네트워크 등의 인프라다.[1]

인공지능의 등장으로 산업혁명 시대의 비즈니스를 이끌던 규모의 경제,* 범위의 경제,** 학습에 대한 한계가 사라져가고 있다.

디지털 기업과 인공지능은 과거 점증주의적인 프레임워크 하에서는 상상하기 어려울 정도로 규모의 경제를 가속화시키고, 타 업종 분야도 디지털로 연결하기만 하면 가능해짐으로써 범위의 경제도 확산되고 있다. 학습 방식에도 획기적인 변화가 일어나 엄청난 양의 데이터를 활용하여 고객이나 소비자의 행동을 정확하게 분석하고 예측하여 맞춤형 대안을 제시하고 있다.

초기의 인공지능 활용 기업이나 전문 기업들이 규모의 경제를

* 최소한 필요정도 이상의 규모를 갖추고 생산량을 증대시키면 초기 시설 투자 등 고정비가 지출된 이후 시설을 가동율을 높여서 평균 가변 비용이 줄어들어 생산 단가가 낮아지고, 대량 주문으로 재료 구매 비용 낮추기와 인력 운영이 효율화된다는 것.

** 한 개의 제품이나 서비스를 제공하기 보다는 여러 종류의 제품과 서비스를 제공하여 소요되는 인력이나 재료 등을 여러 개의 제품과 서비스에 효율적으로 이용하여 생산 비용을 낮추거나 유사한 상품과 서비스를 동시에 제공함으로써 시너지 효과를 누리는 것.

이루기는 쉽지 않다. 그러나 최소한의 임계치critical mass를 넘어 서게 되면 엄청난 네트워크 효과와 수확체증이 일어나게 된다. 인공지능을 단순히 이행하는 것이 아니라 비즈니스 프로세스를 전면적으로 수정하는 것을 감안하여야 한다. 또한 조직의 구조와 인적 자원을 변화시키고 운영 절차를 수정해야 한다.

그러나 이런 혁신적인 기술을 도입할 때 초기 단계에서는 오히려 생산성이 떨어지는 패러독스productivity paradox가 발생한다. 이것을 'productivity J-curve 현상'이라고 부르는데 범용 신기술을 적용하는 초기에는 시간, 에너지, 자금, 조직 재편 등으로 기존의 업무에서 관심이 분산되어 매출이 정체되고 구성원들 사이에서 신기술을 접목해야 하는지에 대한 의문이나 저항이 발생한다. 이는 전기가 처음 도입되었을 때 많은 공장이 이러한 변화를 쉽게 수용하지 못하고 20~30년 정도 거의 스톱이 된 상태였다가 붐업이 일어난 경우에서도 잘 드러난다. 인공지능 도입 초기에도 J-커브의 가장 아랫부분에 위치하다 인공지능이 조직에 체화되고 비즈니스 프로세스 혁신이 안착되면 이 시점부터 크게 도약을 하게 된다.

인공지능은 각 기업별 사정에 따라 저마다 다른 단계로 진화하고 있다. 많은 전통적인 금융, 통신, 방송, 유통, 제조 기업이 인공지능을 기업의 핵심가치 구현의 수단으로 받아들이기 시작했다. 월마트, 크로거 등이 인공지능 유통 공룡으로 등장한 아마존에 대응하기 위해 물품의 구매, 조달뿐 아니라 고객의 서비스 등 전체 가치사슬value chain에서 인공지능을 적용하고 있다. 우버, 테슬라, 웨이모Waymo 등의 등장으로 전통적인 자동차 제조업체인 GM, 벤츠, BMW, 도요타, 현대자동차 등도 인공지능 기반의 자율주행차와 디지털 카서비스를 추구하고 있다. 공적·사적 입수 가능한 데이터와 인공지능 알고리듬은 산업 간의 경계를 뛰어 넘는다. 그래픽 카드 업체인 엔비디아NVIDIA는 자율주행의 최첨단을 선도하고 있다. 디지털 기업의 네트워크 효과와 인공지능 기업의 학습 효과가 상호 상승작용을 일으키면서 눈부신 속도로 성장하고 있는 것이다.

인공지능 시대를 맞이하여 기업과 노동은 큰 변화를 겪을 것이다. 예측 가능하고 반복적인 업무들은 인공지능으로 대체될 것이기 때문이다. 기업의 전문성에 의존하여 특화된 분야를 추구하던 비즈니스 모델은 데이터를 수집, 처리, 분석하는 플랫폼을 구축하는 방향으로 변경되고 있다. 특정 산업에 특화된 경영의 리더보다 디지털과 네트워크 기반의 비즈니스 리더가 부각되고 있다. 이를 실증적으로 보여주는 업체가 바로 아마존, 구글, 알리바바다. 유통이나 검색엔진 업체를 넘어 클라우드 서비스, 금융 서비스, 자율주행차 제조, 음성인식 스피커 제조 등 비즈니스 영역을 무한대로 넓혀 가고 있다. 또한 조직의 인력 운영 방식에 있어서도 중간관리자들의 역할이 대폭 축소되고, 새로운 신기술을 따라 가지 못하는 문제가 발생하고 있다. 이러한 중간관리자들을 재교육시키고 조직의 구조를 좀 더 평평하게 하는 변화가 필요하다.

제 2 장

AI

인공지능이란
무엇인가?

Artificial Intelligence

인공지능의 탄생

일반인들은 인공지능의 개념과 if‑then 프로그래밍을 잘 구분하지 못한다. 인공지능과 소프트웨어, 인공지능과 기계학습의 구분은 매우 모호하고 안개에 싸여 있다. 그 첫 번째 이유는 인공지능 분야가 계속 재정의되고 있기 때문이다. 두 번째는 공상과학 영화나 소설로 인해 지능을 가진 휴머노이드가 정교한 일을 하거나 위트 있는 말을 하는 이미지에 익숙해서 이를 인공지능으로 간주하는 문제다. 즉, 인공지능으로 성취할 수 있는 과제가 쉬운지 어려운지에 대해 판단하기가 곤란하다는 것이다. 바닥의 물건을 잡기 위해 손을 뻗는 것 등은 비교적 용이하나 체스를 두는 것이나 고차원 방정식의 수학 문제를 푸는 것은 무척 어렵다. 인간에게는 쉬운 일을 컴퓨터는 하기 어렵고, 인간에게 어려운 것을 컴퓨터는 하기 쉬운 경우도 있는데 이를 '모라벡의 모순Moravec's Paradox'이라고 한다.

한편 인간은 대화를 한다든지, 걷고 달리는 동작 등이 매우 자유롭고 거의 무의식적이며 자동적이다. 이런 종류의 학습을 대뇌에 있는 뉴런 간의 시냅스를 통해 지속적으로 개발함으로써 진화를 이루어왔다. 인간은 수만 년에 걸쳐서 이런 것을 익혀왔고 학습된 내용이 유전자에 남아 후대에 전달되고 있다. 반면 컴퓨터는 20세기에 들어와 개발되었고 그 작동 원리는 인간이 알고 있고 할 수는 있지만 수행이 어려운 작업들을 하도록 프로그래밍 되어왔다. 기계학습이 등장하면서 컴퓨터의 연산 처리나 복잡한 논리적 추론이 가능해졌고, 수많은 기보를 학습한 인공지능이 최고수 바둑기사보다 바둑을 잘 두기 시작했다.

• programmable computer: 상이한 과제를 과제별로 서로 다른 장비를 사용하지 않고 프로그래밍을 통해서 하나의 컴퓨터가 계속 해결하는 것.

인공지능은 2차대전 시 독일군의 암호 해독을 위한 튜링Alan Turing머신이라는 프로그램을 짤 수 있는 컴퓨터•의 개념을 정립했다. 튜링은 숫자나 부호로 계산될 수 있는 어떤 것이든 자동화될 수 있다는 아이디어를 제시했고 이것이 컴퓨터 공학,

나아가서 인공지능에 영감을 불러일으켰다. 인간의 그것과 동일한 지능적 행동을 하는 '생각하는 기계Machines can think'라는 것을 테스트하는 튜링 완전성Turing completeness의 개념을 제시했다.[2]

이와는 정반대로 지능이 있는 것처럼 보인다고 해서 컴퓨터가 지능을 보유한 것은 아니라는 주장을 미국의 분석철학자 존 설John Searle이 전개한 바 있다(1980, 1984). 중국어 방Chinese room 실험은 중국어를 전혀 모르는 방 안에 갇힌 여자에게 문 밖의 남자가 중국어 단어와 문장을 현관문 우편함 투입구를 통해 방 안으로 넣어주면, 비록 중국어를 전혀 구사할 줄 모르지만 방 안의 여자는 거대한 매뉴얼을 가지고 전달받은 중국어 메모 내용을 정리하여 답변을 한다. 이때 문 밖의 남자는 여자가 중국어를 할 수 있다는 인상을 가진다는 것이다. 마찬가지로 튜링 테스트를 통과한 기계가 지능적으로 보일지라도 인간처럼 지능intelligence이나 정신mind을 가지고 있는 것은 아니다. 이 경우 '지능'이란 말은 '의식conscious'이라는 단어와 '유사한 주장을 한다'로 대체될 수 있다.

인공지능은 1956년 다트머스대학 하계 세미나에서 존 맥카시John McCarthy가 주장한 자동화된 계산 방식이란 개념에서 시작되었다고 할 수 있다. 맥카시의 핵심적인 언급을 인용하면 다음과 같다.

"인공지능이란 원칙적으로 학습의 모든 측면이나 지능의 어떤 속성이 정확히 묘사될 수 있어 기계가 이를 흉내 낼 수 있다는 추정에 근거하여 추진된다(The study is to proceed on the basis of the conjecture that every aspect of learning or any other feature of intelligence can in principle be so precisely described that a machine can be made to simulate it)."

즉, 지능의 요소들이 잘게 세분화된 단계로 구분되고, 이 모든 세분화된 단계들이 지극히 단순하고 기계적인 방식의 프로그래밍으로 코딩될 수 있다는 것이다. 초창기 인공지능의 개념이 적용된 것은 검색과 갤러그와 같은 컴퓨터나 콘솔보드 게임이었다.

최근 많은 주목을 받고 있는 자율주행차의 경우 지능의 요소를 세분화하여 자동화한 것이라고 할 수 있는데, '중국어 방' 실험은 이러한 주장에 대해 동의하지 않고 인공지능 시스템이 주변 환경을 이해하고 안전 운전을 하려는 인간의 사물 지각·이해력·지식과는 근본적으로 다르며 지능적인 것으로 보기 어렵다고 주장한다.

인공지능의 역사, 빙하기를 넘어서

오늘날 인공지능은 특정 과업에 한정되는 인공지능으로 협의의 인공지능narrow AI이다. 일반 인공지능Artificial general intelligence 또는 General AI은 어떠한 지능적인 일도 처리할 수 있는 경우인데 아직은 이 단계까지 이르지 못했다. 또한 강한 인공지능strong AI은 지능을 보유하고 있으면서 지능적으로 행동하는 것으로 존 설이 강조하는 것이다. 이와는 대조적으로 약한 인공지능weak AI은 단순히 컴퓨터지만 지능적으로 행동하는 것을 의미한다.

나는 인공지능을 "프로그래머의 지시 없이 독립적·자동적으로 구동하고 새로운 정보를 바탕으로 주어진 환경에 적응해나감으로써 겉으로 보기에는 인간의 지능적 행위를 흉내를 내도록 훈련된 기계나 컴퓨터(Machine or computer that is trained to seemingly imitate intelligent human behavior by operating independently and autonomously without being directed by computer programmer and adapting to certain settings based on new information)"로 정의하고자 한다. 인공지능은 자율성autonomy과 적응성adaptability을 내포하고 있다. 자율성은 사용자의 지속적인 명령 없이도 복잡한 환경에서 과제를 수행하는 것이고, 적응성은 경험하고 이를 학습하면서 수행성과를 개선해나가는 것이다. 인공지능은 명사처럼 단독으로 존재하는 것이 아니고 수학이나 생물학처럼 여러 가지 문제와 이를 해결하기 위한 방법 및 개념의 집합체라고 할 수 있다.

인공지능은 초기 규칙기반 인공지능과 80년대 후반에 등장한 학습기반 인공지능으로 구분된다. 규칙기반 시스템(전문가 시스템으로도 불린다)은 수동으로 규칙(특징)을 입력하면 기계가 추론하는 방식으로 Prolog, LISP 등이 있다. 하지만 당시의 규칙기반 시스템은 매우 복잡한 알고리듬이기는 하지만 데이터 생성과 수집 비용이 너무 높아서 효용성이 떨어졌다.

학습기반 인공지능은 기계학습/머신러닝^{Machine Learning}으로 데이터를 입력하면 기계가 스스로 새로운 특징을 학습하고 예측하는 방식이다. 기계학습은 알고리듬이 비교적 복잡하지 않지만 사용하는 데이터의 양은 엄청나다. 인공지능이 최근에 폭발적인 성장을 하고 있는데 이는 컴퓨팅 파워의 급속한 개선으로 많은 양의 데이터를 아주 빨리 저렴하고 손쉽게 계산하고, 저장하고, 전송하는 등의 처리할 수 있게 된 것에 힘입은 바가 크다. 이런 추세에 걸맞게 파이썬 프로그램 언어 등을 사용하여 데이터를 훈련시킬 알고리듬이 수많은 분야에서 등장하고 있다. 인공지능 성장의 3대 영양소는 컴퓨팅 파워의 급속한 개선, 이에 따른 엄청난 양의 디지털 데이터의 축적, 뉴럴 네트워크(신경망)를 바탕으로 한 딥러닝 알고리듬의 등장이라고 할 수 있다.

인공지능의 역사

년도	주 요 사 항
1950	기계지능의 척도로 튜링테스트 제안. 소설 Foundation에서 '로봇 3 법칙'을 발표
1956	다트머스 대학 여름 AI 회의에서 존 매카시가 '인공지능'이란 용어를 최초로 사용
1957	프랭크 로젠블라트가 두뇌를 흉내 내어 조종없이 주변을 인식하고 분별하는 퍼셉트론 장치 개발
1960	인공지능의 입력 데이터를 기반으로 사후 확률을 예측하는 베이지안 정리를 이용
1967	k−Nearest Neighbor 기법을 개발
1970	세포 린나인마가 역전파 방법을 발표
1970s	마빈 민스키, 시모어 페퍼트가 퍼셉트론의 비선형 데이터 처리 불가를 입증. 인공지능의 겨울(AI Winter) 도래
1982	존 홉필드가 순환신경망(RNN: recurrent neural network) 알고리듬 발견
1986	제프리 힌튼이 역전파 알고리듬으로 다층 퍼셉트론을 학습시켜 인공신경망과 딥러닝 입증
1989	크리스토퍼 왓킨스가 강화학습 기법을 개발
1995	서포트 벡터 머신(Support Vector Machine) 논문이 발표됨
1998	얀 르쿤이 미국 인구국 직원과 고교생의 MNIST 필기체 숫자 DB를 공개
2009	스탠포드대학이 1,400만개 이미지 자료가 담긴 이미지넷을 작성해 AI 붐이 형성
2011	자연어 처리학습을 마스터한 IBM Watson이 미국의 퀴즈쇼 'Jeorpady' 퀴즈왕에게 승리
2012	구글 Brain팀의 앤드류 응과 제프 딘이 비지도학습용 신경망(neural network)을 발표
2014	페이스북에서 안면을 97.35% 정확도로 인식하는 딥페이스(DeepFace)를 발표 구글은 인터넷 이용자의 행위를 예측하고 추천하는 Sybil 플랫폼을 소개
2016	구글 딥마인드의 알파고(Alpha Go)가 이세돌에게 바둑을 두어 완승함

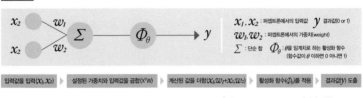

| 입력값을 입력(x_1, x_2) | 설정된 가중치와 입력값을 곱함(x^Tw) | 계산된 값을 더함(x_1, w_1+x_2, w_2) | 활성화 함수(Φ_θ)를 적용 | 결과값(y) 도출 |

출처: 10min deep learning, 《퍼셉트론》, 2018.3.12

퍼셉트론은 다수의 신호를 입력받아서 하나의 신호로 출력, 신경망의 기원이 되는 알고리듬이다. [자료 2-1]은 단층 퍼셉트론으로 입력층input layer과 출력층output layer으로 구성된다. 입력층으로 입력된 데이터(x_1, x_2)는 각각의 가중치(w_1, w_2)와 곱해져 더해진 다음, 출력층 뉴런으로 전달된다($\Sigma = x_1 \times w_1 + x_2 \times w_2$). 이렇게 산출된 Σ의 값이 활성함수 $\emptyset$를 거치면서 기준점인 θ값을 넘으면 1, 그 이하면 0으로 결과값(y)이 출력된다.

1957년 퍼셉트론이 개발되면서 인공지능이 많은 문제를 해결해 줄 것이라는 큰 기대가 생겼다. 하지만 이러한 인공지능의 가능성에 대한 기대가 낙담으로 바뀌고, 인공지능에 대한 관심도가 떨어지면서 연구가 지체되는 '인공지능의 겨울AI Winter'이 1970년대 후반(1974~1980)과 80년대 후반(1987~1993)에 걸쳐 두 차례 발생했다.

첫 번째 인공지능의 겨울(빙하기)은 퍼셉트론이 AND, OR,

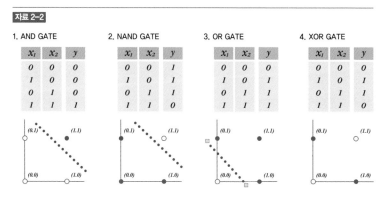

출처: 10min deep learning, 〈퍼셉트론〉, 2018.3.12

NAND 같은 선형 문제는 풀 수 있을지 모르지만 [자료2-2]의 XOR 같은 비선형 문제를 풀 수 없다는 논문을 1969년 마빈 민스키(MIT AI Lab의 설립자)가 발표하면서 부터였다. XOR는 x_1, x_2의 값이 모두 같다면 y값이 0이 되고, 서로 다르면 1이 되는 것이다. 이 경우 한 개의 붉은색 점선으로 AND, NAND, OR 문제의 흰색 점과 검은색 점을 구분할 수 있지만 XOR 문제의 경우에는 이를 구분할 수 없게 된다.

XOR 문제에 대한 해답은 1986년 제프리 힌튼이 역전파[back propagation] 알고리듬과 다수의 은닉계층을 두는 신경망[neural network]을 고안하면서 해결했다. 이는 샘플에 대한 신경망의 오차를 다시 출력층에서부터 입력층으로 거꾸로 전파시켜 각 층의 가중치[weight]를 계산하는 방법이다. 이를 통해 가중치와 편향[bias]를 알맞게 학습할 수 있었고 XOR 문제를 해결했다.

두 번째 인공지능의 겨울은 오류 역전파 알고리듬으로 다층 퍼셉트론의 학습이 실질적으로 가능하게 되면서 비선형 문제를 해결하고 꺼져가는 인공지능의 불씨를 되살렸지만, 1980년대 후반 Vanishing Gradient[•]와 신경망 학습을 위한 파라미터 값의 최적화에 대한 이론적인 근거가 없다는 점에서 발발되었다. 특정 지식의 범위에 대해 문제를 해결해주거나 질문에 대답해주는 전문가 시스템[expert system]이 너무 비싸고 일반적이지 않은 질문에는 황당한 행동을 하는 것에 의구심을 갖기 시작하면서 촉발된 것이다.

• 신경망의 깊이가 깊어질수록 가중치의 수치가 점점 작아져서 0(zero)에 가까워지고 원하는 결과를 얻을 수 없다. 여러 층의 신경망이 가중치의 연산을 계속하는데 시그모이드 함수는 0.xx로 곱하는 것으로 여러 시그모이드 망을 통과하면서 계속 숫자가 작아져 결국 가중치의 값이 사라지는 현상이다.

이 또한 2006년 제프리 힌튼이 〈A fast learning algorithm for deep belief nets〉라는 논문에서 가중치[weight]의 초기값을 무작위로 할당하는 것이 아니라 제대로 설정하는 알고리듬을 개발하면 깊은 신경망 학습이 가능하다는 것을 입증했다. 이때부터 신경망[neural network] 대신 딥네트워크[Deep Network], 딥러닝[Deep Learning]이라는 용어가 사용되기 시작했다.

인공지능의 역사

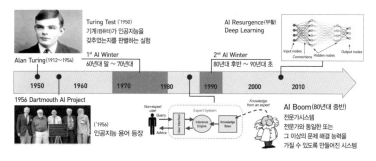

딥러닝의 역사

민스키의 퍼셉트론에 관한 논문이 초래한 비선형적인 문제의 해결과 인공신경망의 구조에서 은닉 계층이 증가할수록 계층별로 요구되는 파라미터의 추정이 어려워지는데 이를 뒷받침할 컴퓨터의 연산 능력이 문제였다.

이후 21세기의 현대적인 인공지능은 막강한 컴퓨팅 파워를 바탕으로 지능intelligenc, 마음mind, 의식consciousness과 같은 거대담론이 아니라 현실 세계의 소형 문제들을 좀 더 잘 정의하고 하나씩 해결하는 방식으로 추진되고 있다. 또 다른 특징은 복잡하고 실타래처럼 엉킨 현실 세계의 불확실성을 확률 이론을 적용하여 다루고, 인공신경망과 딥러닝 기법을 이용하여 문제를 해결하는 것이다.

또 다른 제3의 인공지능의 겨울이 도래한다 할지라도 현대의 인공지능은 자율주행차, 노래와 영화 추천 시스템, 전염병 예측 등 현실 세계의 문제해결과 활용에 있어서 이미 많은 성과를 거두고 있다.

제3장

AI

어떻게
기계학습으로
인공지능이
가능할까?

Artificial Intelligence

데이터를 습득, 예측하고
문제를 해결한다

기계학습은 인공지능의 부분 집합으로 간주되고 있다. 기계학습은 더 많은 데이터나 경험을 바탕으로 주어진 과제의 수행성과를 개선하는 시스템이다. 기계학습 알고리듬의 과업은 입력 데이터를 기반으로 패턴이나 데이터 간의 상호관계를 파악하는 모델을 구축하여 예측을 하거나 현상을 설명하는 것이다. 인간의 경우 어린 시절부터 반복적인 학습을 하면서 인지를 활용하여 같은 사물의 형체나 패턴이 변하더라도 동일한 것으로 인지할 수 있다.

　기계학습/머신러닝은 데이터의 패턴이나 기저에 내재한 속성을 구분하는 데 있다. 훈련데이터를 특정 알고리듬에 반복하여 학습시킨 후 새로운 모델을 만든다. 다음 단계로 이 모델에 과거에 전혀 보지 못했던 새로운 데이터를 입력하면 어떤 패턴이 나올 것인지 예측하게 된다. 이것이 결과값이다. 이러한 결과값을 바탕으로 행동 대안을 선택하고 문제를 해결할 수 있다.

지도학습, 답을 안다

기계학습에는 지도학습supervised learning, 비지도학습unsupervised learning, 강화학습reinforcement learning이 있다. 지도학습은 바람직한 산출물을 얻기 위해 모든 개별 입력 데이터에 레이블이 붙어 있다. 따라서 레이블이 있는 학습데이터를 이용한다. 정답을 알고right answer is given 즉, 답이 주어진 상태에서 알고리듬을 학습시키는 것이다. 지도학습은 회귀분석regression analysis과 분류classification가 모두 가능하다.

의사결정의 경계영역은 회귀나 특정 카테고리/클래스(분류)를 구분하는 선 또는 비선형으로 나타난다. 회귀분석은 어떤 데이터들의 특성/속성feature을 토대로 연속continuous되어 있는 값을 예측하는 것이다. 회귀에서는 모든 개별 데이터 포인트의 수치값 예측이 목적이다. 분류는 알고리듬이 개별값을 예측해 입력 데이터를 서로 분리된discreet 특정군이나 그룹의 구성원으로 식별하는 것이다. 분류에서는 데이터가 반드시 수치일 필요는 없고 '예-아니오'와 같은 레이블이 붙어 있어도 가능하다.

지도학습이 비약적으로 성장하는 계기는 로젠블라트가 개발한 다중계층 신경망인 퍼셉트론이 솔루션을 찾기까지 많은 시간이 소요되던 단점을 딥러닝의 대표 주자로 불릴만한 힌튼이 역전파 알고리듬으로 처리 속도를 높임으로써 딥러닝이 가능해졌다. 이러한

자료 3-1 회귀와 분류

	회귀(Regression) 분석	분류(Classification)
결과	독립변수값 변화에 따른 종속변수값을 예측	학습데이터의 라벨 중 하나를 예측
예제	아파트 평수, 소재지, 층수, 건축 연도(독립변수)에 따른 매매가격(결과값) 예측	학습데이터(주행거리, 가격)가 중고차 구입자와 그렇지 않은 자 중 골라 내기

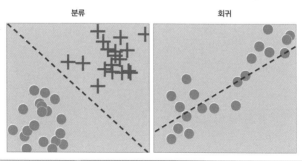

분류　　　　　　　　　　회귀

딥러닝 방식으로 이미지 데이터를 지도학습으로 훈련시켜 분류 등에 활용하면서 예측의 정확도를 98퍼센트 수준으로 개선한 것이다. 아마존에서 인터넷 쇼핑으로 책이나 생활용품을 구매하는 경우 필터링을 통해 다른 상품을 추천하는 것도 지도학습 방식으로 이루어지고 있다.

인공지능 지도학습을 통해 여러 가지 신용카드 결제 패턴을 분석하여 불량 거래를 잡아낸다거나 인공지능 영상의학 자료 학습을 통해 영상의학자들보다 더 정확하게, 또는 그들이 인지하지 못하는 난치병이나 암 등의 패턴을 발견할 수도 있다. 지도학습 인공지능 시스템은 여러 가지 상이한 상황에서 수동적이지만 적절한 행위를 찾아내는 것이다.

예를 들면, 보험회사의 콜 센터 경우에도 보험 가입 및 보험료 관련 문의, 사고 접수, 보험금 청구, 사고의 처리 문제 등에 대한 다양한 전화 통화를 정확하게 담당 부서와 담당자에게 연결시키는 것이 어려울 뿐만 아니라 많은 시간을 대기해야 하거나 수차례 통화가 다음 부서로 연결되는 불편을 고객에게 초래하고 콜 센터 직원들도 많은 시간을 낭비하게 된다. 이 경우 그동안 접수된 충분한 양의 전화 콜에 레이블을 붙여 지도학습을 시킴으로써, 인공지능이 음성이나 문자데이터 형태의 통화 내용을 분석하여 패턴에 맞

입력데이터(X)	산출데이터(Y)	애플리케이션
음성인식	텍스트	대화 인지
과거 시장 데이터	미래 시장 예측치	거래 봇
사진	사진 분류명	이미지 태깅
의약품의 화학 성분	치료 효과성	의약품 R&D
상점별 거래 자료	불성실거래·거래 조작 여부	조작 거래 탐지
요리 재료	고객 반응	음식 추천
구매 이력	추후 구매 행위	고객 유지·확보
자동차 위치 및 운행속도	교통 흐름	교통 신호등
사람 얼굴	이름	안면 인식 출입기

※ Y=f(X)로 훈련데이터인 X, Y가 있는 경우의 지도학습 사례.

출처: Erik Brynjolfsson and Tom Mitchel, 〈What can machine learning do? Workforce implications〉, Science, 2017.12.

게 자동적으로 해당 부서에 통화연결call forwarding을 해줄 수 있다. 기존의 숙달된 콜 센터 담당자가 기계학습의 결과물이나 데이터에 대한 코칭을 할 수 있으므로 지도학습의 정확도를 제고하여 통화연결 경로 찾기call routing의 효과성 역시 높아질 수 있다.

비지도학습,
답을 모른다

비지도학습은 원하는 답이 무엇인지 모르는 상태에서 알고리듬을 통해 데이터의 패턴을 찾는 것이다. 수많은 데이터 포인트가 존재하는 경우 인간은 이런 데이터의 특성을 파악하기 어렵다. 이때 비지도학습의 군집화^{clustering} 알고리듬을 통해 데이터들의 드러나지는 않지만 내재된 구조$^{underlying \ structure}$를 파악하는 것은 군집의 전략과 특성을 이해하는 데 도움이 된다. 예를 들면, 이마트의 식료품 소비자가 어떤 물품을 사는지에 관한 쇼핑 데이터를 하나의 점으로 표시하여 유사한 그룹끼리 묶으면 '저예산 건강식품 구매군' '고가의 수산물 구입군' '콜라·피자·파스타 등 패스트푸드 선호군' 등으로 군집화할 수 있다.

비지도학습은 군집화, 이상 탐지, 연상 등의 문제를 풀게 된다. 군집화는 서로 비슷해 보이는 학습데이터를 찾아 그룹으로 군집을 만든다. 군집화는 유사한 특징을 가지는 데이터 포인트들$^{data \ points}$을 모으고 특징이 다른 데이터들과 분리시키는 것이다. 군집화를 할 때 학습데이터는 레이블링이 되어 있지 않다. 이러한 군집에 속하는 데이터(사람 또는 사물)는 비슷한 전략을 선택하거나 패턴이 발생하므로 예측이 용이해진다.

한 가지 특성으로 묶인 그룹인 군집화와는 달리, 특성학습[feature learning] 알고리듬은 몇 가지의 조합으로 이루어진 그룹으로 군집화 하는 것이다. 예를 들어, 네이버 뉴스를 검색하면 아래에 밀접히 관련되어 있는 뉴스들이 그룹핑이 되어 나타난다. 소비자들의 구 매 행태에 따라 시장을 세분화[market segmentation]하거나 수많은 데이터 를 처리하는 데도 유용하다. 군집화는 하나의 데이터 포인트가 하 나의 군집에 속하지만 한 개 군집에 여러 가지 데이터를 할당하는 경우에는 특성학습이라고 한다. 특히 보고서의 경우에 하나의 특 성 아래 연관된 많은 단어나 이미지들이 내포되어 있다. 예를 들 어, 스포츠라는 주제로 군집화하는 경우 축구·농구·야구 등 다양 한 이미지 데이터가 포함된다.

군집화 과정에서 이 그룹을 대표하는 하나의 데이터 포인트인 원형[prototype]을 추출해내는 압축[compression]이 일어나기도 한다. 가령, 정치 뉴스의 기사를 보면 다양한 단어와 정치적인 입장을 반영하 는 문장들이 나타나는데 이를 가장 유사성이 높은 단어나 문장 그 룹으로 묶으면 수많은 특성 및 속성이 '차원 축소[dimension reduction]'를 하는 방식으로 기사가 진보적인지 보수적인지 판단한다. 차원이 증가하면 그것을 표현하기 위한 데이터 양이 기하급수적으로 증가

하므로 실행이 불가하여 상황에 관련된 데이터의 특성 중 의미를
제대로 표현할 수 있는 소수의 속성feaure을 기계학습에 활용하는 것
이다.

합성곱 신경망Convolutional Neural Network도 차원 축소 방법 중 하나다.
2020년 1월에 발생한 코로나19 바이러스의 방역에 각국 정부가 성
공적으로 대응했는지를 평가할 수도 있다. 정치적 입장의 근접성
을 파악하여 다양한 스펙트럼상의 정치적인 입장 데이터들을 파악
하여 2020년 4월 15일에 실시된 국회의원 선거결과 등의 예측에
활용하기도 했다.

이상탐지anomaly detection는 데이터 세트에서 특이한 패턴을 찾음으
로써 이상을 탐지하는 것이다. 수아랩Sua Lab의 반도체 제품 등에서
의 결함 탐지와 같은 사례가 있다. 연상association은 데이터 샘플의

자료 3-2 비지도학습의 군집화 사례

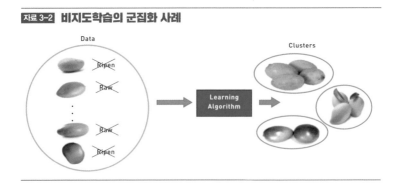

교양으로서의 인공지능

어떤 특성을 다른 특성과 연관 짓는 것이다. 데이터의 핵심 속성을 몇 개 파악함으로써 학습 모델이 연관된 다른 속성들을 예측하는 것이다. 어떠한 상품을 구매한 사람이 다른 상품을 구매하는 경향이 있다는 것을 찾을 때 주로 활용한다. 그 예로 스포티파이의 음악 추천, 넷플릭스의 영화 추천, 아마존의 도서 추천 등이 있다.

강화학습, 보상을 통해 답을 찾는다

강화학습은 최종 출력이 바로 주어지지 않고 시간이 지나서 주어지며, 일련의 행동들이 가끔씩 보상을 받는 학습이다. 특정한 단서에 따른 상과 벌(예: 특정 결과에 대해 잘했어, 못했어라는 시그널을 보내는 것)이라는 보상을 통해 현재의 행위의 방향 혹은 반대 방향으로 행위를 시행착오 방식으로 학습을 한다. 알고리듬이 스스로 게임을 하듯이 반복·작동하면서 피드백을 통해 게임의 규칙을 이해하는 것이다. 이 때 알고리듬이 학습한 내용이 맞다, 틀리다라고 피드백을 하는 것이 아니라 좀 더 바람직한 방향으로 가까이 가는지 여부이다. 지도학습이나 비지도학습과는 다르게 인공지능 시스템이 능동적으로 작동한다. Agent는 환경으로부터 상태를 관측하고 이에 따른 적절한 행동을 하면 이 행동을 기준으로 환경으로부터 보상을 받는다. 사람의 학습방식과 유사하게 행동의 결과에 대한 점수를 반영하여 알고리듬을 조금씩 수정을 한다. 관측 – 행동 – 보상의 상호작용을 반복·경험하면서 환경으로부터 얻는 보상을 최대화하는 태스크를 수행하기 위한 일련의 과정이다. 강화학습의 대표적인 사례는 딥마인드가 개발한 알파고인데 3천 년간의 인간이 쌓아왔던 수많은 기보의 바둑 수에 알파고가 대응하는 강화 훈련을 통해서 만들어졌다. 알파고의 경우 보상은 최종적인 대국의 승리 또는 패배다.

예를 들면, 공항에서 항공기 연착으로 인해 환승하는 비행기를 놓치는 경우가 발생하는데 단순히 비행기의 연착 문제뿐만 아니

자료 3-4

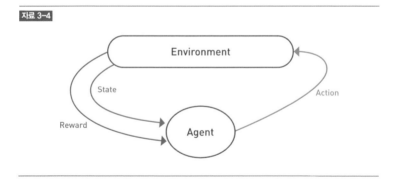

교양으로서의 인공지능

라 통관 시 많은 시간이 소요되는 문제도 있다. 새로운 항공 노선을 찾고 항공권을 예약하는 것은 상당히 어렵다. 이 경우 공항 내 통관에 관련한 기존의 데이터를 수집하고 훈련시켜 다양한 패턴에 맞는 항공기 탑승 취소와 변경 예약의 최적 처리방안을 선택하고, QR코드를 이용하여 정보를 추가로 수집하면서 경유하는 공항 내에서 갈아타는 비행기의 탑승 수속 시간을 줄이는 등의 의사결정을 강화학습 인공지능 방법으로 활용할 수 있다.

또 다른 사례로는 온라인 광고를 하는 경우인데 보통 해당 회사의 과거 자료가 충분하지 않은 경우가 많아 잠재 고객을 효과적으로 타깃팅하는 것이 용이하지 않다. 하지만 크롤링* 데이터를 활용하면 웹상에서 어느 상황에서 어떤 온라인 광고가 고객에게 부합되는지와 해당 고객의 구매 상품과 패턴에 대한 데이터를 입수할 수 있다. 이러한 웹상에 수집 가능한 고객의 반응 데이터와 해당 온라인 광고 운영 기간 중 발생한 데이터의 강화학습을 통해 광고와 고객 행동에 관한 예측 능력을 제고함으로써 모델을 개선해나갈 수 있다.

* crawling: 웹페이지를 그대로 복제한 뒤 필요한 데이터를 추출하는 행위.

인공지능 학습의 유형을 다시 한 번 요약하면 다음과 같다.

1 지도학습^{Supervised Learning}**: 답이 주어진 상태에서 학습**

- 회귀Regression

- 분류Classification

2 비지도학습^{Unsupervised Learning}**: 답을 모르고 학습**

- 군집화Clustering

- 특성학습

- 차원 축소Dimension Reduction : PCAPrincipal Component Analysis (주성분 분석)

3 강화 학습^{Reinforcement Learning}**: 답을 모르고 있는 상태에서 답을 알아**

감(인간 수준)

- 게임, 알파고 등이 해당.

MIT대학은 일정 조건 하에서 어떤 인공지능 모델을 사용하는 것이 적절한지에 관한 선택 기준을 다음과 같은 표로 제시했다.

AI 사용목적	AI 능동/수동성					학습 종류
데이터에 내재된 군집·차원을 발견 목적?						비지도학습
특정 상황에 맞는 어떤 행위를 선택하거나 결과를 도출하려는 것인지?	행동을 취하고 그 결과를 지켜보고 이후 보정하려 하는가?	다양한 상황별 일련의 행동에 필요한 데이터가 충분하거나 수집·가공이 가능한가?	(if Yes)			강화학습
			(if No)			AI 적용불가
	수집된 과거 데이터를 단지 학습하기만 하면 충분한가?	특정상황별 많은 사례와 행동과 관련된 데이터에 접근가능한가?	(if No)			AI 적용불가
			(if Yes, and) 전문가의 AI 결과·데이터의 보정판단 필요?	(if Yes)		지도학습
				(if No, but) 인간이 발견 못했던 패턴 존재		지도학습
				(if No)		AI 적용불가

인공지능
알고리듬
쉽게 이해하기

4장은 인공지능 알고리듬을 다루기 때문에 수학 함수와 수식이 많이 나온다.
수식이 어려운 독자는 건너뛰고 마지막에 읽기를 권한다.

Artificial Intelligence

최적의 회귀선을
추적한다

잘 정의되고 선택된 입력 데이터와 이에 따른 결과 데이터를 상관
관계로 연결하여 일정한 예측 모델을 만들어내는 것이 지도학습이
고, 이는 통계적으로 사용되는 회귀분석의 개념과 동일하다. 즉,
독립변수인 x에 실제 입력 데이터 값을 넣으면 종속변수이자 예측
모델상 결과값인 y의 값이 나온다. 단, y의 값이 실측된 결과치와
차이가 있고 이것은 에러치error term로 표기된다. 선형회귀에서 각
훈련데이터 포인트가 선형회귀선에서 가까우면 가까울수록 오차
가 적은 것이다. 선형회귀 분석의 대표적인 방정식은 $y=\theta_0+\theta_1 x$(보

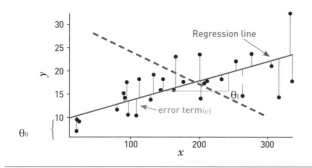

통 $y=ax+b$로 표시하는 경우가 많음)이며 [자료 4-1]으로 대표된다. 선형회귀는 속성(x)의 일정치가 변하면 매개변수 또는 파라미터(가중치 weight로 표시되는 경우도 있다)만큼 예측치(y)가 변한다는 모델이어서 매우 단순할 뿐만 아니라 모델에 대한 해석이 가능하다는 점에서 널리 사용된다.

가중치weight θ_1은 입력변수가 출력에 영향을 미치는 정도를 설정한 것으로 가중치에 의해서 출력이 결정된다. 가중치는 속성값 변수의 기울기이기도 하다. 편향bias으로도 불리는 θ_0는 기본 출력값이 활성화되는 정도를 설정한 것으로 y축의 절편에 해당한다. 실제 데이터 포인트들에 대해 오차값을 최소화하는 푸른 실선의 회귀선 Regression line은 붉은 점선과 대비하면 훨씬 더 적합fitting하게 예측치를

Age	CD	Age	CD	Age	CD
22	0	40	0	54	0
23	0	41	1	55	1
24	0	46	0	58	1
27	0	47	0	60	1
28	0	48	0	60	0
30	0	49	1	62	1
30	0	49	0	65	1
32	0	50	1	67	1
33	0	51	0	71	1
35	1	51	1	77	1
38	0	52	0	81	1

추정하고 있다.

연속형 숫자가 아닌 범주형 변수를 이용해 [자료 4-2]의 좌측과 같이 나이와 암 발생 여부(1이면 발병, 0이면 정상)에 관한 데이터가 주어졌을 경우, 선형회귀 방식의 모델로 그래프를 그리면 우측 하단 같이 이상하게 나타나고, 30세 이하는 암이 발생하지 않는 것처럼 나타난다. 이처럼 y가 범주형 변수일 때는 숫자가 아무 의미를 지니지 않아 다중선형회귀 모델을 그대로 적용할 수 없다.[3]

사회현상에서는 특정 변수에 대한 확률값이 선형이 아닌 S - 커브 형태를 따르는 경우가 많다. 이러한 S - 커브를 선형회귀에 로그함수로 바꾸어 표현해낸 것이 [자료 4-3]의 로지스틱 함수고, 시그모이드 함수로도 불린다. 로지스틱 함수는 x값으로 어떤 값이든 받을 수 있지만 출력 결과(y)는 항상 '0에서 1사이'의 값이 된다.

선형회귀는 특성값의 변화에 따른 예측치를 도출하는 데 유용하지만 다중선형회귀함수($y=\theta_0+\theta_1x_1+\theta_2x_2+\theta_3x_3+\cdots+\theta_nx_n$)에 로그함수를 적용하여 로지스틱 회귀logistic regression를 사용하면 분류 작업도 할 수 있다. 0.5이상의 수치면 1의 값으로 간주하여 하나의 범주를 형성하고, 0.5이하면 0으로 간주하여 또 다른 범주로 구분된다.

불확실성uncertainty은 수치로 표현quantifiable할 수 있다. 이것이 확률probability이며, 수치화된 불확실성은 측정할 수 있고measurable, 비교 또한 가능하다. 확률을 계산하려면 데이터를 수집하고 확률적인 상황의 진술에 대해 평가를 실시해야 한다. 주식투자자는 향후 주가변동의 불확실성에 대한 예측에 따라 주식을 팔아야 할지 장기적으로 보유할지를 결정할 수 있고, 의사는 환자가 보유한 질병이 더 악화되거나 다른 신체 일부로 전이될 것인지의 불확실성에 대한

자료 4-3 로지스틱 함수

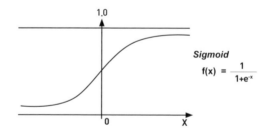

교양으로서의 인공지능

합리적인 평가를 해야만 치료약을 투약할지의 여부를 판단할 수 있다.

오차를 최소한으로 줄이는 경사하강법

머신러닝에서는 경사하강법gradient descent을 사용하여 이러한 오차를 최소한으로 축소시키는 방식으로 가장 최적으로 맞는 모델을 추정하게 된다. 경사하강법은 선형회귀선, 곡선회귀선, 뉴럴 네트워크 등에서 추정한 회귀선과 실측 데이터간의 오차치를 최소화하는 파라미터* θ_0, θ_1의 값을 최적화하는 알고리듬을 찾는 데 주로 사용된다.[4]

* x값의 변화될 경우 일정한 가중치로 y값의 변화를 초래하는 매개변수.

기계학습에서는 x와 y의 값이 실제로 데이터로 주어져서 투입이 되고 구하고자 하는 타깃은 기울기인 파라미터 θ_1값을 예측하는 것이다. 경사하강법은 모든 데이터 포인트들의 결과치와 실제값의 차이인 오차의 합계인 비용함수의 가장 적은 기울기를 계산해서 오차치를 최소화하는 알고리듬이다.

예를 들어, 서울 아파트 평수와 가격의 데이터를 가진 일차방정식을 가정하고 θ_0, θ_1값을 대입했을 때 훈련데이터세트인 (x, y)의 실제 y값과 가장 오차가 적은 값을 가진 가정함수인 h(예측치임)의 파라미터인 θ_0, θ_1을 추정하고자 한다. 즉 $h_\theta(x)-y$(예측값$\hat{y}$−실제값y)가 오차인데 이 값이 음수인 경우도 있으므로 제곱을 하면 $(h_\theta(x)-y)^2$로 표시된다. 이것이 비용함수인데 i개의 속성feature마다 훈련데이터의 숫자가 m개일 경우, 다양한 θ_0, θ_1의 값을 대입하여 이를 합계(Σ)한 후에 $1/m$로 평균을 내고, 계산상 편의를 위해 이를 $1/2m$으로 나누면 비용함수cost function인 J가 도출된다.

예를 들면, [자료 4−4]에서 편향(θ_0)을 0(zero)로 셋팅한 $h_\theta(x)=\theta_1 x$를 가정하고 데이터 포인트가 X표시 체크로 3개인 경우(m=3), θ값 변화에 따른 J함수값을 도출하면 아래와 같다.

자료 4−4

Hypothesis: $\quad h_\theta(x) = \theta_0 + \theta_1 x$

Parameters: $\quad \theta_0, \theta_1$

Cost Function: $\quad J(\theta_0, \theta_1) = \frac{1}{2m} \sum_{i=1}^{m} (h_\theta(x^{(i)}) - y^{(i)})^2$

Goal: $\quad \underset{\theta_0, \theta_1}{\mathrm{minimize}}\ J(\theta_0, \theta_1)$

- $h_\theta(x)=x$, 즉 θ_1이 1인 경우에는 $J(1)=1/2\times3[(1-1)^2+(2-2)^2+(3-3)^2]=1/6(0^2+0^2+0^2)=0$

- $h_\theta(x)=0.5x$이면 $J(0.5)=1/2\times3[(0.5-1)^2+(1-2)^2+(1.5-3)^2]=1/6[0.25+1+2.25]=1/6[3.5]=0.583$

- $h_\theta(x)=2x$이면 $J(2)=1/2\times3[(2-1)^2+(4-2)^2+(6-3)^2]=1/6[1+4+9]=1/6[14]=2.333$

- $h_\theta(x)=0$이면 $J(0)=1/2\times3[1^2+2^2+3)^2]=1/6[1+4+9]=1/6[14]=2.333$

- $h(0)$는 $\theta_1=0$인 경우로 실질적으로는 x축이므로 $J(0)$의 값은 실제 데이터 포인트와 수평인 x축과의 거리의 합계를 $1/2m$로 나눈 값. $\theta_1=2$인 경우와 동일함.

자료 4-5

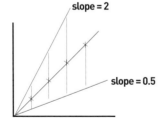

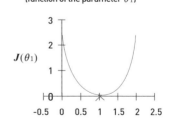

[자료 4-5]의 좌측 그림인 일차방정식에서 위 3개의 값들을 오른쪽 평면에 점찍은plotting 후 이 궤적을 연결하면 우측 그림과 같은 비용함수 $J(\theta_1)$은 좌우 대칭 포물선 그래프로 나타난다. 이때 가장 저점은 $\theta_1=1$일 때 가장 오차가 적은 $J=0$이고 최적합 모델이다.

$\theta_0=0$, $\theta_1=1$이라는 값 이외에 θ_0, θ_1의 값을 동시에 계속 변화시켜나가면서, 두 개의 파라미터를 가진 함수인 $J(\theta_0, \theta_1)$ 함수값을 계산하여 그림으로 표시하면 [자료 4-6]와 같이 아래로 볼록한 곡면이 그려지는 3차원 그릇 모양의 최저점으로 가장 오차가 적은 지점이 a이다.

앞서 설명한 단순 선형회귀 분석이 아니라 여러 가지 변수 - 특

자료 4-6

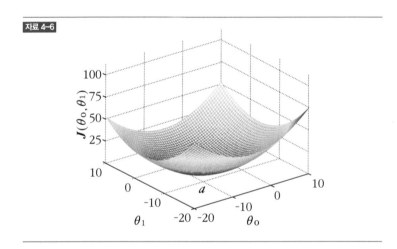

성/속성^{feature}이라고도 할 수 있음 – 를 바탕으로 아파트 가격을 추정할 수 있다. 이 경우 아파트의 평수나 층수, 건축년도, 교육과 교통 편리성 평가 점수 등을 바탕으로 아파트 가격을 추정할 수도 있다. 이 경우 가설 함수는 $h(x)=\theta_0+\theta_1x_1+\theta_2x_2+\theta_3x_3+\cdots+\theta_nx_n$과 같은 다항식으로 이루어진 다중선형함수이고, 비용함수인 $J(\theta_0, \theta_1 \theta_2, \theta_3, \cdots \theta_n)$를 최소화[min $J(\theta_0, \theta_1 \theta_2, \theta_3, \cdots \theta_n)$]하는 것을 찾기 위해 $\theta_0, \theta_1 \theta_2, \theta_3, \cdots \theta_n$의 값을 동시에 업데이트하면서$^{simultaneous\ update}$ 변화하는 값으로 구성된 3차원 공간에서 조금씩 아래로 움직이면

자료 4-7 경사하강법 개념도

gradient descent local minima

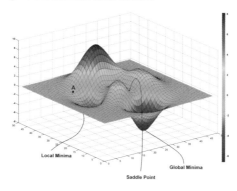

※ 가로축인 X축은 파라미터 θ_0의 값, 세로축인 Y축은 파라미터 θ_1의 값, 수직축인 Z축은 특정한 쌍의 θ_0와 θ_1값을 대입한 회귀선 결과값과 실측치간의 오차(error)의 제곱값을 표시함.

참고: Ayoosh Kathuria 블로그, 〈Introduction to optimization in deep learning: Gradient Descent〉.

서 비용함수 J를 최소화하는 최적 해의 '전체 최소값global minima'을 찾는 것이 경사하강법이다.

앞의 사례의 경우 경사하강법은 특정 θ_0, θ_1값을 한 쌍으로 하여 최적의 회귀선을 추정하는 방식인데, 이러한 값들이 형성한 오차공간error space의 모습을 보여준다. 앞서 설명한 [자료 4-1]의 선형회귀 분석을 예로 들면, 좌측에서 우측으로 하향하는 빨간 점선으로 이루어진 회귀선은 오차가 무척 커지게 되어 경사하강법 그림에서 표시되는 것처럼 붉은 산의 정상에 위치할 것이다.

그러나 우상향하는 푸른 실선의 회귀선의 경우, [자료 4-7]의 좌표A 아래의 파란 부분인 지역 최소값local minima에 위치할 가능성이 높다. 전체적인 최소치를 나타내는 전체 최소값은 θ_0와 θ_1의 값이 오차치가 전체적으로 최소화되는 지점으로 데이터의 패턴을 가장 정확하게 나타내는 것이다. 좌표 A라는 임의의 지점random point에서 시작해서 산을 타고 계속 하강하면서 전체 최소값의 계곡 지점까지 내려가므로 경사하강법으로 불린다. 곡면의 기울기인 경사가 줄어들면서 오차의 합인 비용함수가 최소화된다.

경사하강법으로 A지점에서 또는 무작위의 다른 지점에서 출발하여 계속해서 θ의 값의 크기 – 학습 속도learning rate라고도 하며 출발 지점에서 산 모양의 어디로 얼마만큼의 보폭으로 내려가는 것이 가장 단거리(가장 가파른 길)인지 판단하여 단계적으로 계속 방향을 변화시키는 것 – 에 따라 바꾸어가면서 실제의 y값과 오차를 최소화하는 것을 찾는 것이다. 그러나 학습속도가 너무 크면 즉, 너무 큰 보폭으로 움직이면 최적 해에 수렴하는 것에 실패하고 오히려 멀어질 수 있다.

경사하강법은 가설함수의 파라미터인 θ값을 추정하기 위한 방법으로 선형회귀 분석뿐만 아니라 거의 모든 기계학습에 사용되는 일반적인 알고리듬이다. 계속적인 반복을 통해 최적 해를 구하는 경사하강법을 대신하여 정규방정식normal equation으로 θ의 값을 푸는 방식으로도 구할 수 있다.[5]

분류 방식의 기계학습

회귀분석만큼 자주 사용되는 머신러닝은 분류Classification(유형 구분)에 관한 것이다. 유형 구분은 서로 다른 범주에 속하는지 판단하는 것을 말한다. 개, 고양이, 말 등과 같은 범주와 정상제품과 불량품 등의 범주로 구분하는 것으로 머신비전에서 자주 활용된다.

자료 4-8

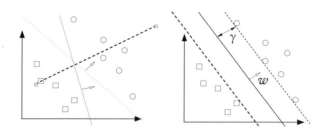

출처 : Mubaris NK 블로그, 〈Support Vector Machines for Classification〉.

예를 들어, [자료 4-8]에서 중고차의 운행 거리(x값)와 가격(y값) 만의 지표로 중고차를 구입한다고 할 때 네모 모양의 데이터는 중고차 구입자이고, 구입하지 않은 사람들은 동그라미로 표시되어 있다. 이 경우 구입자와 비구입자를 최소 에러치를 가지고 구분하는 선형 분리선이 기계학습의 알고리듬에 해당한다. 즉, x축과 y축의 일정 부분에 위치하게 했을 때 두 개의 범주를 분리시키는 회귀선 $y=\theta_0+\theta_1 x$를 사용하여 양 그룹의 데이터 세트를 구분함에 있어 최소한 오차가 발생하게 만드는 θ_0, θ_1의 값을 찾는 것이다.

초평면을 찾는 서포트 벡터 머신

이 경우 회귀선이 양대 유형의 그룹을 분리하는 데 성공하더라도 각 그룹별 데이터 포인트와 오차를 최소화하는 것이 바람직한

교양으로서의 인공지능

데, 이를 '서포트 벡터 머신Support Vector Machine/SVM'이라고 한다. 즉, 알고리듬으로 머신러닝 모델을 작성할 때 일정한 가설을 정하고 θ_0, θ_1의 값을 대입하면서 오차치가 아주 적은 정도에 이를 때까지 이 과정을 반복하게 된다. 이러한 w와 같은 선형 구분자classifier/분류기 estimator인 초평면(2차원 그래프에서는 선, 3차원 이상에서는 평면, 4차원 이상에서는 초평면)을 찾는 방식을 SVM이라고 한다.

앞서 [자료 4-8]의 SVM 개념도 좌측 그림에서 검은 점선의 경우에는 네모와 동그라미 양 그룹을 구분하는 데 있어 정확하지 않고 5개의 에러(3개의 네모+2개의 동그라미)가 발생하지만 푸른 실선과 붉은 실선의 경우에는 양 그룹을 에러 포인트 없이 성공적으로 분리시키고 있다. 그러나 푸른 실선이 붉은 실선과 비교하여 회귀선과 좌표상의 포인트와 오차가 적은 것을 알 수 있다. 우측 그림에서 w로 표시된 굵은 실선은 좌우 양측의 실선과 대비하여 네모와 동그라미 모양의 떨어져 있는 오차(γ)를 최소한으로 하는 SVM이다.

비선형 문제를 선형으로 바꾸어 분류에 사용하는 것으로 두 그룹 사이의 거리 마진을 최대화하는 최적의 분리경계인 초평면 (hyperplane, support vector classifier라고도 함)을 찾는 것이다. 특히 SVM 은 수많은 속성이 존재할 때 분류하는 방법론으로 유용하다. 의사결정 경계decision boundary를 좌우하는 것은 실제로는 몇 개의 데이터 포인트에 한정되더라도 가능하므로 모든 속성을 분석할 필요가 없다.

[자료 4-8]의 우측 그림의 경우 3개의 동그라미가 접한 점선과 가장 오른 쪽의 네모가 접한 점선 사이의 간격을 최대화하는 것이고, 3개의 동그라미와 한 개의 네모는 support vector에 해당한다. 그 사이를 통과하는 오차를 최소화면서 양 그룹을 가장 잘 분리하는 실선 w가 초평면에 해당한다. 의사결정 경계는 제일 끝단에 존재하는 몇 개의 support vector에 의존한다. 만약 새로운 데이터 포인트가 실선 w의 아래에 위치한다면 네모와 유사한 속성(짧은 운행 거리와 낮은 중고차 가격)을 가지고 있어 중고차를 구매하는 그룹으로 분류된다.

데이터 변형 없이 고차원화하는
커널 트릭 알고리듬

SVM에서 자주 이용되는 것이 커널 트릭Kernel Trick이다. [자료 4-9]에서 1차원 평면(x축)에 배열된 데이터 포인트들은 복약량과 완치 여부에 관한 것이다. 너무 약을 적게 먹거나 과다 복용한 경우에는 치료가 되지 않아 붉은 점으로 표현하고 있다. 녹색 점은 처방약을 적정량을 복용하여 완치된 사람이다. 이러한 1차원 데이

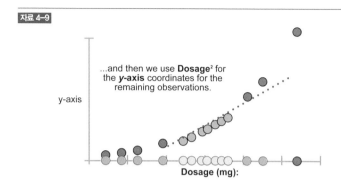

...and then we use **Dosage²** for the **y-axis** coordinates for the remaining observations.

y-axis

Dosage (mg):

출처: Josh Starmer, 〈Support Vector Machines, Clearly Explained!!!〉, StarQuest. 2019.9.

터에서 구분자feature를 넣더라도 분류가 쉽지 않다. 이때 새로운 특성feature인 y축을 넣어 2차원으로 변형하고 x의 값을 제곱($y=x^2$)한 것을 2차원 그래프에 그리는 경우, 검은 점선을 서포트 벡터 구분자support vector classifier로 해서 새로운 데이터 포인트가 발생하면 이 포인트의 제곱값이 구분자의 아래에 있는지 위에 있는지, 즉 어느 서포트 벡터와 가까운지와 어떤 훈련데이터 포인트와 유사한지를 살펴본 뒤 완치 여부를 판단할 수 있다.

2차원에서 3차원으로 고차원화하여 커널 트릭을 사용하는 예를 들면 [자료 4-10]과 같다. 2차원 평면상 2개의 녹색 점($x=1$ $y=2$, $x=2$ $y=1$)과 2개의 붉은 점($x=0$ $y=3$, $x=3$ $y=0$)을 색깔별로 구분하고자 한다. 이때 x와 y를 곱한 xy값을 구한 z축에 더해서 3차원 그래프

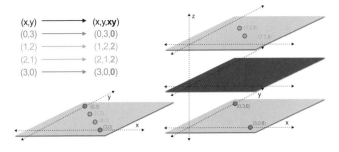

(x,y)	→	(x,y,**xy**)
(0,3)	→	(0,3,**0**)
(1,2)	→	(1,2,**2**)
(2,1)	→	(2,1,**2**)
(3,0)	→	(3,0,**0**)

출처: Luis Serrano, 〈A friendly introduction to Machine Learning〉, Udacity, 2016.

를 그린다. 이 경우 우측 그림에서처럼 녹색 점의 z값은 2이고, 붉은색 점의 z값은 0이다. 따라서 녹색 점은 위쪽에 위치하고, 붉은색 점은 아래쪽에 위치하여 회색으로 표시된 $z=1$의 평면plane의 서포트 벡터 구분자를 찾아낼 수 있다.

커널 트릭의 장점은 모든 데이터 포인트들이 몇 개의 차원이 높은 데 있는 것처럼 취급하지만 데이터 자체의 속성을 변화시키지 않고 그대로 유지한다는 것이다. 이와 같이 데이터를 변형시키지 않고 고차원으로 옮긴 것처럼 하는 것을 '커널 트릭'이라고 하고, 이러한 장점을 통해 두 데이터 포인트상의 유사성을 이용하는 것으로 SVM에 필요한 연산의 양이 늘어나지 않는다. 약복용과 관련된 완치, 비완치와 같은 두 개의 범주를 분리하는 명백한 선형 구

교양으로서의 인공지능

분자가 없을 때 SVM은 데이터를 좀 더 고차원으로 이동시켜서 처리한다. 또 하나의 장점은 구분자에 대한 추정이 어렵지 않다는 것이다. 새로운 데이터 포인트의 값을 입력하고 그 값이 훈련데이터의 서포트 벡터의 어떤 데이터 포인트와 인접해 있느냐를 알면 되는 것이다. 이러한 레이블이 붙은 훈련데이터의 가중 평균, 다수결에 따라 정해진 분류를 할 수 있다.

질문을 통해 예측치를 찾는 의사결정트리

지도학습에서 회귀나 시그모이드 함수를 이용하여 분류하거나 예측을 하는 알고리듬 이외에도 '의사결정트리decision tree' 알고리듬을 이용할 수 있다. 각 의사결정 단계마다 구체적인 질문set of rules이 이루어진다. 데이터 세트에 목표와 속성이 주어지고, 목표를 예측하기 위해 속성들에게 규칙rules이 부여되는 규칙기반 시스템rule-based system이다. 의사결정트리를 따라가면 선택 가능한 모든 길path 또는 나무 가지를 열거하고 최종 단계에서 결정(예측)이 일어난다. 의사결정트리는 데이터 포인트들에 대한 일련의 질문으로 이루어져 있고 그 대답은 'yes'나 'no'이다. 질문을 던져서 대상을 좁혀나가는 스무고개와 비슷하다.

쉽게 이해하기 위해 단순한 사례로 [자료 4-11]이 제시되어 있다. 성별과 나이 중 어떤 것이 앱을 다운로드 받는데 결정적인 구분자classifier인지를 판단한다. 좌측 표에서 나이나 성별 하나로만 구분자를 두면 정확한 예측이 어렵다. 오른쪽의 의사결정트리를 이용하면 정확한 예측을 할 수 있다. 20세 이하의 젊은이들은 성별에 관계없이 '포켓몬 고' 앱을 다운로드 받는다. 그림의 이미지처럼 20세 이상의 성인 여성은 '왓츠앱'을 다운로드 받고, 성인 남성의 경우 '스냅챗'을 다운로드 한다.

좀 더 복잡한 사례로 [자료 4-12]와 같은 원형 5개, 사각형 3개

자료 4-11 포켓몬 고 의사결정트리

Gender	Age	App
F	15	🔴
F	25	🟢
M	32	🟣
F	40	🟢
M	12	🔴
M	14	🔴

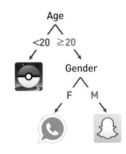

출처: Luis Serrano, 〈A friendly introduction to Machine Learning〉, Udacity, 2016.

교양으로서의 인공지능

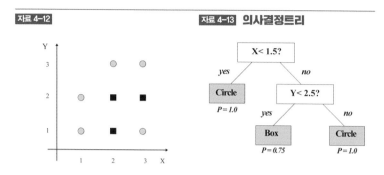

자료 4-12

자료 4-13 의사결정트리

출처: ML Wiki, 〈Decision Tree〉.

가 분포해 있고, 두 개의 속성 *x*, *y*가 있는 경우로 가장 많은 사각형 도형을 찾고자 한다. [자료 4-13]은 의사결정트리다.

[자료 4-14]에서 첫 번째 규칙rule인 구분자가 '*x*<1.5'인 하늘색 수직 점선 구분자를 사용하면 구분자의 좌측에서 원형 도형일 확률이 1이다. [자료 4-15]는 트리를 타고 한 단계 더 내려가, 두 번째로 적용하는 규칙은 'Y<2.5'라는 붉은 색 수평 점선 구분자이다. 최종적인 종결점에서 각 데이터 포인트들(이 사례에서는 사각형과 원형의 도형)의 확률을 예측할 수 있다. 이 경우 붉은 선 구분자 아래에서 원형 도형일 확률은 0.25다. 이처럼 규칙을 적용한 구분자로 2차원 평면을 몇 개의 셀로 나눌 수 있다.

이러한 의사결정트리가 선형회귀 분석 등에서 선형구분자와 다른 점은 의사결정트리의 단계가 아래로 계속 내려갈수록 데이터

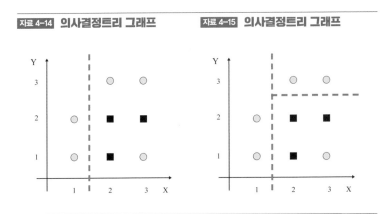

포인트들을 지속적으로 구분해서 조금 더 작은 그룹으로 세분화한
다는 것이다. 이 경우 가장 좋은 분리선을 결정하는 기준은 같은
모양의 도형, 즉 동일한 또는 매우 유사한 레벨이 붙은 데이터 포
인트들이 동일한 셀에 분류되도록 하는 것이다. x축을 따라 수직
구분선을 움직이면서 가장 적합한most fitting 그룹이 형성되는 지점에
서 구분을 이루도록 한다.

의사결정트리의 매번 단계step마다 속성(x와 y)의 값에 따라 구분
자를 하나씩 추가해나감으로써 해당 셀의 데이터 집합data set의 예측
치가 달라지고 가장 좋은 예측성과를 내는 속성을 찾는 것이다. 의
사결정트리에 상응하는 2차원 공간에서 데이터를 세부 그룹으로
구분segmenting하고, 최종 데이터 포인트end data point는 훈련데이터들의

결과물 즉, 예측치인 것이다. 의사결정트리의 장점은 최종 산출물 값에 대한 이유와 경로에 대해 설명할 수 있는 장점이 있다.

더 정확한 예측치를 찾는 법, 배깅

단수의 의사결정트리 경우에는 정확한 예측치를 구하는 데 한계가 있고, 상황 변동에 따라 의사결정 기준이 다소 변경되는 것으로 인해 예측의 안정성이 떨어진다. 예를 들어, 소비자가 상품을 구매할 때의 기준은 동일하지만 백화점에서 상품을 구매할 때와 할인 마트에서 구매할 때의 의사결정트리는 다소 변한다. 약간의 데이터 세트 변화가 의사결정트리의 모습을 완전히 달라지게 만들 수 있다. 따라서 복수의 의사결정트리를 이용하면 단수의 의사결정트리가 갖는 약점을 극복할 수 있다. 단수의 2차원 의사결정트리가 비교적 단순하지만 데이터 포인트들의 전체의 모습을 반영하지 못하면 개별적인 의사결정트리의 분포들을 종합하여 평균값을 구하는 것이 필요해진다. 이때 좀 더 정확한 예측치를 찾는 방법으로 '배깅Bagging 기법'이 사용된다.

'bagging'은 bootstrap aggregating을 줄인 말이다. 'bootstrap'은 부츠 신발의 뒤쪽의 지퍼나 끈을 의미하고, 한편으로는 모든 것을 자력으로 하는 신병훈련소라는 의미의 단어다. 통계학적으로는 많은 훈련병이 모인 신병훈련소처럼 전체 모집단을 확실히 알 수 없을 때 적절한 방법으로 표본을 추출하고, 그 표본이 전체를 대표한다는 가정 하에 그 분포를 예측하는 것이다. 평균을 구하는 가장 좋은 방법은 모든 훈련병의 키를 재는 것이지만 이것이 사실상 불가능할 때 적절한 표본을 추출하여 평균키를 추정하는 것이다.

bootstraping은 1979년 브래들리 아프론Bradley Afron이 처음 언급했다. 모집단의 분포를 확실하게 알 수 없을 때 표본을 추출하고, 이 표본을 전체로 가정하여 특정 샘플을 포함한 하위 표본의 분포를 구한다. 이후 많은 횟수에 걸쳐 같은 샘플이 포함된 다른 모양의 하위 표본을 추출한 후 그 분포를 구한다. 배깅에서는 이 샘플이 포함된 표본을 조금씩 바꿔가며 각 표본의 분포와 이에 따른 의사결정트리상의 결과 – 앞의 단순 의사결정트리 사례에서 x축과 y축의 속성값과 같은 의미 – 를 취합하는 것이다. 무작위로 훈련데이터 세트를 잘게 나눈 뒤 나누어진 세트를 여러 개의 모델에 할당하여 학습시킨다. 배깅은 전체 훈련데이터에서 특정 샘플이 포함된 여러 번 중복을 허용한 복원 추출을 한다. aggregating은 종합하는 것을 의미하며, 배깅에서는 bootstrapping으로 추출된 수많은 의사결정트리상의 결과를 합계하여 반복 실행 숫자로 나누어 평균을

내는 것이다.[6]

[자료 4-16]으로 예를 들면, 녹색 점이 포함된 하위 데이터 세트 sub dataset를 표본 집단 1, 2, 3으로 추출을 한다. 이때 표본 집단 1, 2, 3은 매번 데이터 세트의 형태가 약간씩 변화하는 것에서 무작위로 재추출random resampling한 것이다. 각 표본 집단 1, 2, 3의 의사결정트리 구조는 상당히 변화하고 이에 따라 의사결정 속성값이 변하는데, 이를 취합하는 것이 배깅이다. 마치 장님이 코끼리([자료 4-16]에서 녹색 점)를 만지면 각자가 만진 부위의 속성만을 가지고 코끼리를 정의하지만 여러 명의 장님이 만진 결과를 취합하면 코끼리의 모습을 추정할 수 있는 것에 비유할 수 있다. 이러한 재추출 표본에서 다양한 분산variance, 편향bias, 속성feature을 더 잘 이해할 수

자료 4-16 배깅

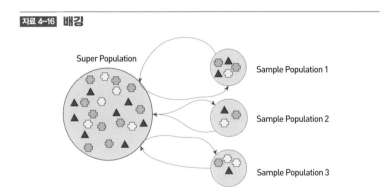

출처: Seattle Data Guy, 《Boosting and Bagging: How To Develop A Robust Machine Learning Algorithm》, 2017.11.21..

제4장 · 인공지능 알고리즘 쉽게 이해하기

있게 된다. 각 하위 샘플의 모양과 크기도 다르므로 이를 취합하여

나오는 평균이나 표준 분포는 좀 더 견고robust [7]하다.

모델 과적합의 단점을 해결하는
랜덤 포레스트

• overfitting: 학습데이터에서는 예측 정확도가 높이 나오는데 학습에서 사용되지 않은 다른 데이터 셋을 사용하여 예측하면 예측 정확도가 떨어지는 경우로 속성이 지나치게 많을 때도 발생한다.

의사결정트리의 단점은 훈련데이터에 너무 잘 맞는 과적합•이 되는 경향이 있다. 여러 개의 의사결정트리를 통해 랜덤 포레스트random forest(무작위의 숲)를 만들면 과적합의 단점을 해결할 수 있다. 예를 들면, 어떤 사람의 암 발병률을 예측하는 데 있어서 수많은 속성을 – 성별, 나이, 몸무게, 근육량, 운동 정도, 스트레스 정도, 가족력, 과거 유사질병을 앓은 경험, 항체 보유 여부, 설탕 섭취량, 수면 시간, 근무 환경, 건강검진 주기 등 13가지 – 감안하여 배깅을 한다면 거의 100퍼센트에 가깝게 예측을 할 수 있다.

과적합이 일어나서 데이터 포인트를 분류하는 선이 지그재그하거나 구불구불하게 그려져서 훈련데이터training data의 특성은 잘 반영하지만 검증 데이터test data를 사용하는 경우, 훈련된 모델이 맞지 않아 의사결정이나 예측을 하기가 오히려 어려워져서 쓸모가 낮아진

다. 특히 기계학습에서 수많은 구분 규칙rule을 적용하는 경우 과적합이 일어나기 쉽다. 너무 제한적이거나 너무 유연한 학습 모델을 사용하지 않는 것이 데이터 사이언스의 핵심 중 하나다.

모든 속성에 관한 데이터를 획득하기 어려울 뿐만 아니라 과적합 문제를 해결하기 위해서 랜덤 포레스트 학습 원리를 이용한다. 배깅이 약간씩 다른 샘플을 포함한 데이터 세트를 바탕으로 모든 의사결정트리의 값을 취합하는 것이라면, 랜덤 포레스트는 배깅과는 유사하나 모든 하위 재추출 데이터 세트를 사용하지 않고 무작위로 선정된 n개의 하위 데이터 세트(전체는 m개. $n<m$)를 사용해 훈련데이터를 모델이 학습하는 것이다. 암 발병 확률의 예측 사례의 경우 몸무게, 나이, 운동 정도, 가족력의 4가지 속성(총 속성수 m(13개)의 약 1/3 수준인 n개)으로 무작위 샘플링을 하는 것이다.

또 다른 실생활의 사례로는 A가 휴가를 받아 관광지를 결정할 때 친구의 자문을 받는 경우다. A가 친한 친구 B에게 자문을 구했더니 A에게 과거 여행한 곳과 어디를 좋아했는지 물은 뒤 동남아를 권고했다. 또 다른 친구 C, D, E, F는 각자 생각하는 질문random question을 한 뒤 C, D, E는 유럽을, F는 미국을 추천했다. 5명의 친구는 A의 답변을 기반으로 의사결정 규칙을 만들어서 장소를 추천했다. 5명의 친구 각자가 서로 상이한 의사결정트리를 적용하여 나온 결과 중 유럽이 가장 많은 추천을 받아 최다 득표majority votes를 받았으므로 A는 유럽으로 휴가를 가기로 결정한다.

랜덤 포레스트는 이러한 과적합 문제를 해결할 뿐만 아니라 다른 장점으로 데이터 포인트가 빠져 있더라도 예측이 가능하고 회귀 분석용 수치값뿐만 아니라 분류 범주의 값에 따라 모델링을 할 수 있어 양자 모두에서 사용 가능하다는 것이다.[8] 의사결정트리의 과적합을 해결하기 위해 트리의 깊이가 너무 깊어지지 않도록 조정하거나 각 단계의 트리에서 리프leaf 노드(앞서 언급한 [자료 4-13]의 네모와 동그라미를 구분하는 의사결정트리 사례에서 직사각형의 네모 박스에 해당)마다 할당되는 샘플 숫자를 최소화하는 방식으로 파라미터를 튜닝하기도 한다.

유사하거나 가까운 그룹으로 묶는
KNN

분류를 가장 쉽게 하는 방법으로 KNNK-Nearest Neighbor(K - 최근접 이웃) 구분자를 사용하는 경우가 많다. 이는 훈련데이터에 새로운 데이터(또는 item)가 들어왔을 때 가장 유사하거나 가까운 훈련데이터와 같은 그룹으로 취급하는 것이다. [자료 4-17]과 [자료 4-18]에서 훈련데이터는 노란색, 파란색, 붉은색 원으로 구분되어 있는 지도상의 주택의 위치이다.

[자료 4-17] 그림처럼 임의의 별모양 피자 레스토랑을 위치시키고 가장 가까운 주택들과 같은 색깔의 그룹으로 묶은 뒤 레스토랑을 데이터와 같은 색 포인트의 중심으로 이동시킨다. [자료 4-18]은 제일 오른쪽에 위치한 6개의 점 중에서 파란색 주택들은 노란색 별 피자 레스토랑과 가까워 노랗게 표시되었다. 한편 파란색 별 피자 레스토랑 주위에 있는 파란 실선 안에 있는 5개의 붉은 원은 파란색 레스토랑과 거리가 가깝다. 또 다시 이 과정을 반복하여 별모양의 피자 레스토랑 위치를 이동시켜주면 노란색, 파란색, 빨간색의 피자 레스토랑 3개가 3개의 주택이 몰려있는 군집의 중심에 자리를 잡아 최적의 해를 도출할 수 있다.

앞의 사례를 유추하여 정치적으로 중도 노선을 견지하는 사람들의 모임이나 장소를 노란색 원, 보수 성향을 띠는 사람들의 모임이나 장소를 파란색 원, 진보성이 강한 사람들이 몰려 있는 모임이나 장소를 붉은색 원이라고 할 경우, [자료 4-17] 가장 오른쪽의 3개의 파란색 원은 노란색 별의 중도 성향 모임이나 장소에 자주 가면서 점점 더 많은 중도적 대화를 하게 되고 중도 집단의 영향을 받아 [자료 4-18]의 가장 오른쪽 6개의 노란색 원처럼 정치적 의견이 중도로 바뀔 수 있다. 또한 [자료 4-17]에서 보수 성향을 띠던

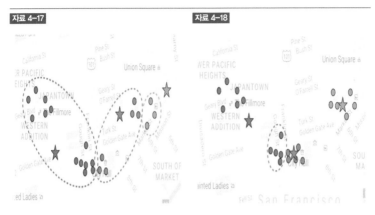

자료 4-17 **자료 4-18**

출처: Luis Serrano, 〈A friendly introduction to Machine Learning〉, Udacity, 2016.

파란색 별이 파란색 원이 모인 중앙으로 이동해 감에 따라 [자료 4-18]에서 5개의 진보 성향의 붉은색 원도 이들과 인접하여 교류하다 정치적인 입장을 보수로 바꾸게 된다. [자료 4-17]에 나타난 붉은색 별은 [자료 4-18]에서는 좀 더 진보 쪽으로 의견을 확고히 하고 최종적으로는 진보적 성향을 지닌 그룹의 중앙으로 편입된다고 할 수 있다.

KNN에서 거리적인 근접성만이 기준이 되는 것은 아니다. 훈련데이터가 이미지가 아닌 문장인 경우도 있다. MNIST Mixed National Institute of Standards and Technology의 수많은 사람의 다양한 필기체로 쓴 0~9를 분류하여 인공지능이 숫자를 인식digit recognition하는 프로그램에서는 픽셀별로 이미지(숫자가 써진 부분의 명도)가 얼마나 일치하는지를 가지고 구분한다. 즉 '1'이란 숫자를 약간 오른쪽으로 눕혀 쓰던지 (*1*) 바로 쓰던지(1), 머리 부분과 끝부분에 약간의 꼬리를 달던지(1) 달지 않던지('l')에 상관없이 숫자를 표현한 부분의 검은 색이 한 방향으로 아래로 향하는 픽셀을 '1'로 인식하게 된다.

이러한 KNN 알고리듬은 영화나 음악 추천 서비스에 많이 활용된다. 특정 음악의 레게·디스코·힙합 등의 장르나 가수, 작곡가 등의 메타 데이터를 레이블링 하는 대신 쇼핑 히스토리shopping history 상에서 이용자가 좋아해서 선택했던 콘텐츠를 기준으로 필터링을 한다(이를 'collaborative filtering'이라고 한다). 인공지능은 유사한 콘텐츠를 구매한 이용자들을 확인하여 같은 군집으로 묶은 뒤, 해당 군집의 이용자들이 가장 최근에 구매하기로 선택한 음악 콘텐츠를 타깃 이용자에게 구매하도록 추천하는 것이다.

중첩된 필터로 연산하여
정확도를 높이는 합성곱 신경망

사람의 신경망은 뉴런이 시냅스 형태로 연결되어wired 있다. 뉴런은
셀 본체cell body와 돌기wire로 구성되어 있는데 어떤 뉴런은 단순히 자
극을 받아들여서 다른 뉴런으로 전달하는 역할을 하고, 이를 받은
뉴런은 여러 자극을 유기적으로 통합하여 다른 뉴런 세포로 전달
하게 된다. 한 개의 뉴런이 독립적으로 떨어져서는 큰 역할을 못하
지만 수 개의 뉴런들이 상호 시냅스 형태로 연결되어 협주를 하면
매우 복잡한 것도 처리할 수 있다.

[자료 4-19]의 인간의 뇌 속에 있는 뉴런의 수상돌기dendrite는 외
부의 자극을 받아들이고input wire, 뉴런의 셀 본체는 전기적 신호를

자료 4-19

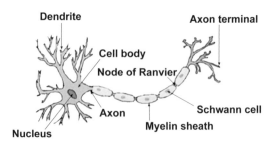

교양으로서의 인공지능

$$h_\Theta(x) \in \mathbb{R}^4$$

Want $h_\Theta(x) \approx \begin{bmatrix} 1 \\ 0 \\ 0 \\ 0 \end{bmatrix}$, $h_\Theta(x) \approx \begin{bmatrix} 0 \\ 1 \\ 0 \\ 0 \end{bmatrix}$, $h_\Theta(x) \approx \begin{bmatrix} 0 \\ 0 \\ 1 \\ 0 \end{bmatrix}$, **etc.**

when pedestrian　　**when car**　　**when motorcycle**

※마지막의 산출계층의 노란색 원들은 각자의 벡터값으로 표시.

출처: Andrew Ng, 〈Lecture 8.3 - Neural Networks Presentation〉 Machine Learning, Coursera.

처리하며, 처리 결과를 전달하는output wire 축삭돌기axon를 통해 다른 뉴런으로 연결되어 있다. 수많은 뉴런이 각자의 가중치를 가지고 작동하면서 밝기의 변화·배경의 차이·모양의 변형deformity 등의 다양성에도 불구하고 자동차라는 물체를 구분해낸다.

　딥러닝은 시각 이미지를 눈으로부터 입력받아 대뇌의 뉴런이 처리하는 인간의 감각기관과 유사한 컴퓨터상의 신경망artificial neural network을 바탕으로 하고 있다. 컴퓨터가 입력된 데이터를 몇 개의 은닉계층hidden layer을 통해 차례로 처리하는 기계학습의 기법이다. 인공지능의 경우 각 픽셀의 음영과 색깔에 따라 할당된 숫자의 배열을 인식할 뿐이다.

　도보 행인의 경우를 예로 든다면, 눈(x_1), 코(x_2), 배경의 도로(x_3)

등의 이미지를 잘게 구분해 수많은 세부 이미지가 만들어지고 각 세부 이미지 또한 수많은 픽셀로 이루어져 있다. 기계학습에서 입력계층$^{input\ layer}$에 해당하는 것이 파란 동그라미고, 노란 동그라미(노드)와 연결되는 화살표 선들이 수상돌기^{dendrite}에 해당하는 input wire이다. 파란 동그라미인 입력계층은 신체의 일부에 대한 이미지의 픽셀의 수치값을 받아들인다.

최초 은닉계층에 소재한 노란 동그라미들은 각각의 셀 본체로 작동하면서 각자의 가중치를 가지고 정보를 처리한 후 이를 다음 은닉계층의 동그라미들에 정보를 전달한다. 최초 은닉계층의 5개의 노란 노드들은 x_1, x_2, x_3 별로 5개의 노드에서 각 입력값 X의 픽셀을 5개 세부 부분으로 분할하여 처리하게 된다. 이때 첫 은닉계층의 동그라미와 다음 계층의 동그라미를 연결하는 화살표 선이 축삭돌기^{axon}에 해당하는 output wire이다.

첫 번째 은닉계층의 동그라미들은 두 번째 은닉계층의 동그라미와 연결된 입력계층의 역할을 하고 첫 번째 은닉계층의 산출물 값이 두 번째 은닉계층의 입력값으로 작동한다. 이 입력값에 활성 함수$^{activation\ function}$라 불리는 비선형 함수를 적용시키면 선형 함수로 표현할 수 없는 복잡한 관계를 표현할 수 있게 된다. 세 번째 최후 계층의 4개의 노란색 동그라미들이 최종적인 산출계층$^{output\ layer}$(출력계층으로도 불린다)에 해당한다. 이 계층에서는 최초의 입력값으로 부여된 도보 행인, 자동차, 오토바이, 트럭의 이미지를 딥러닝 방식으로 재분류해낸다. 딥러닝은 지도·비지도학습에 모두 적용 가능하지만 주로 비지도학습에 많이 활용된다.

기계학습에 있어서도 인공 뉴런에 해당하는 각 노드*들이 자극에 해당하는 신호들을 받아들여서 다른 은닉계층의 노드로 전달하는 데 얼마나 강하게 연결되는지에 대한 가중치^{weight}는 각기 다르다.

* 뇌의 신경세포인 셀 본체에 해당되고 연산처리를 하거나 입력된 결과·정보 관리 수행.

인공지능의 노드들은 인간의 개입 없이도 전달되어진 신호나 결과를 분석하여 바람직한 연결 강도의 가중치를 분석할 수 있다는 것이다. 인공지능 신경망은 입력계층과 산출계층으로 이루어지는데 산출계층의 노드가 다시 입력 노드로 작용하는 은닉계층이 될 수 있다.

이처럼 은닉계층이 중첩되어 있으면서 각 은닉계층의 노드들은 [자료 4-21]에서 보여지듯이 각자의 필터의 연산방식에 원래의 입력값을 연산하여 특정값을 추출하는 것을 '합성곱 신경망^{Convolutional} $^{Neural\ Network/CNN}$'이라고 부른다. 예를 들자면, 사람의 안면을 인식할 때 어떤 노드들은 얼굴 윤곽을 찾아내기 쉬운 수직 라인 필터를 작동하고, 또 다른 노드는 눈을 인식하기 위해 원형 인식 필터

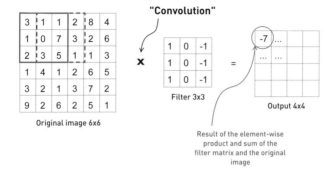

"Convolution"

Original image 6x6

Filter 3x3

Output 4x4

Result of the element-wise product and sum of the filter matrix and the original image

※ CNN의 필터(찾으려는 특징이 입력 데이터에 존재하는지의 여부를 검출해주는 함수) 기능.

출처: Pytorch, 〈CNN: Convolutional Neural Network〉.

를 작동하게 된다. 이러한 인간의 신경망 체계를 흉내 낸 딥러닝은 기계학습을 비약적으로 발전시켰다.

딥러닝은 입력계층과 산출계층 사이의 수많은 은닉계층으로 구성되어 있다. 수많은 은닉계층과 연결 강도 가중치의 부여와 활성화는 수많은 데이터가 사용 가능해지면서 인공지능이 복잡한 문제를 해결하는 것이 가능해졌다. 딥러닝은 이미지의 인식과 분류, 언어와 대화의 처리, 서면 데이터의 경우 자주 쓰이는 단어를 뽑아내어 문장의 패턴을 찾는 일 등에 유용하게 쓰인다. 특히 지도학습의 경우에 개, 고양이, 표범, 스라소니와 같은 이미지를 분류해내는 것을 97퍼센트 내지 98퍼센트 정도의 정확도를 보여주고 있어 95

퍼센트 정도인 인간의 정확도보다 더 높다.

가중치를 변경하여 활성화를 결정하는 역전파

딥러닝 시스템의 활성화와 가중치 변경 등을 가능하게 하는 알고리듬이 바로 인공지능 역전파Back propagation다. 이전 층layer 뉴런의 출력값에 가중치weights를 곱해 합한 것이 다음 층 뉴런의 입력값이 되는 앞으로 전진(front→end)하는 방식이다.

딥러닝을 학습시킨다는 것은 최적의 가중치를 찾는 것이다. 가중치는 처음에 랜덤으로 초기화되지만 모델의 손실함수loss function를 최소화시키는 방향으로 출력/산출계층인 뒷단에서부터 역순으로 진행해가면서 조금씩 가중치(파라미터)가 거꾸로(end→front) 업데이트된다. 이때 손실함수의 값이 역전파를 통해 각 층의 가중치에 전달되며 업데이트 방향과 크기를 결정한다.[9] 즉, 샘플에 대한 신경망의 오차를 다시 출력계층에서부터 입력계층으로 거꾸로 전파시켜 각 층의 가중치를 계산하는 방법이다.

이런 순방향과 역방향의 학습을 반복·진행하면서 미분값이 0에 가까워지도록, 즉 기울기가 0이 되는 방향으로 가중치와 편향bias을 알맞게 학습할 수 있다. 다만 이 경우 부여되는 가중치의 숫자가 매우 커질 수 있고, 이에 따라 훈련데이터의 양이 비현실적으로 증가해야만 할 수 있다. 이런 많은 가중치에 대한 해결책으로 합성곱 계층을 두는 것이다.

합성곱 계층은 이미지의 속성에서 특정 부분의 밝기, 뾰족함, 형태 등을 탐지해낸다. 카메라의 앵글에 따라 이동하는 물체의 이미지 속성들은 위치, 크기, 방향 등이 변화하는데 CNN은 서로 다른 조건 하의 객체를 탐지함에 있어서 필요한 훈련데이터의 양을 줄이는 교묘한 트릭이다. 이 트릭은 입력 픽셀값이 달라지더라도 같은 가중치를 사용하여 신경망 계층의 노드가 같은 형태의 패턴에 활성화되도록 하는 것이다.

신경망 계층은 최초의 입력 픽셀값을 처리하는 초기 은닉계층(기저계층)에 둔다. 기저계층은 비지도학습 방식으로 훈련을 받는데 특별한 최종 목적인 예측을 달성하는 것과 무관하게 생성되며, 입력데이터에서 자주 나타나는 속성을 탐지하는 데 적절하게 조정되어 있다. 합성곱 계층은 인공지능의 최종 목적과 무관하므로 다른 목적의 인공지능에도 비슷하게 활용되므로 매우 효율성이 높다. 반면, 은닉계층들의 끝단들(상위계층)은 역전파와 같은 지도학습 기법에 따라 분류나 예측을 위해 훈련된다.

한국의 루닛Lunit은 2013년에 설립되어 10여 가지 폐결절 및 폐암

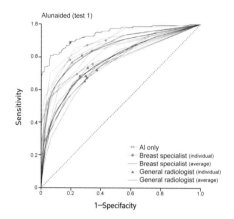

출처: 〈Lunit INSIGHT MMG for Breast Cancer Detection Now CE Certified〉, itn, 2020.6.2.

병변 등 폐질환(루닛 인사이트 CXR)과 유방 엑스레이를 분석해 병변 부위를 찾아주는 판독 보조(루닛 인사이트 MMG)에 특화된 딥러닝 기반 의료영상 검출 기업으로 진단 분야를 넘어 면역 항암 제품 분야로도 진출을 추진하고 있다. 이 회사는 다른 많은 의료영상 AI 기업과 차별화를 위해 폐질환과 유방암에 특화하여 정밀도를 높이고 있고, GE 등 의료기기 전문 업체와 파트너십을 갖추고 있다.[10]

특히 유방암의 경우 동양인은 치밀 유방이 많아 발병율이 5배나 높아 서양인과 판독이 달라져야 하고, 질적으로 낮고 양적으로 부족한 데이터 문제가 발생한다. 유방암 조직검사 슬라이드를 스캔하고 디지털화하여 한 장의 슬라이드를 400배로 확대하면 2~3 기가바이트의 영화 한 편 분량의 영상 자료로 전환되어 패턴을 분석하여 환자 맞춤형 진료를 할 수 있다.[11] 루닛 인사이트 MMG는 88.8퍼센트, 의사 단독은 75.3퍼센트, 인공지능을 보완한 의사는 84.8퍼센트의 유방암 진단 민감도를(ROC-AUC 기준) 보였다.

세계적으로 의료 AI는 피할 수 없는 추세이고, 한국은 의료 기관이나 건강보험 관리공단 등에 디지털화된 데이터가 많아 인공지능의 학습과 검증에 매우 좋은 기반을 갖추고 있다. IBM 왓슨이나 게임업체이면서 위챗페이를 제공하는 중국의 텐센트가 구축한 3차원 머신비전 영상진단 시스템도 매우 유사한 애플리케이션이다.

MIT 대학은 'Moments in Time'이라는 사이트를 통해 100만 개의 3초짜리 비디오 클립을 제공하여 CNN의 학습용 데이터로 사용할 수 있게 하고 있다. 한국의 JLK사는 CT·MRI로 촬영한 환자의 뇌 영상 데이터를 가지고 AI 소프트웨어가 뇌경색 초기 신호가 발견되는지, 뇌출혈이 있지는 않은지 등의 뇌 관련 세부항목을 정밀하게 판독하는 뇌졸중 정밀 분석 시스템 '유니스트로'를 개발했다. 이는 100만 장에 달하는 뇌질환 관련 영상 데이터로 학습했을 뿐만 아니라 70여 개 AI가 협업해 시너지를 창출하기 때문에 정확

도가 높고 평균 15분 안에 모든 작업을 끝낸다고 한다.[12]

생성적 적대 신경망,
고품질의 인공적인 이미지를 만든다

비지도학습에서 딥러닝은 유용한 특징을 추출하고 구조를 분석함으로써 자동적으로 데이터 안에서 패턴을 찾는 데 유용하다. 최근 딥러닝 중 하나인 '생성적 적대 신경망Generative Adversarial Network/GAN' 알고리듬은 고품질의 인공적인 이미지를 만들어내는 것인데, 10년 전 잃어버린 초등학교 3학년생의 사진을 토대로 20세 초반의 젊은 이 얼굴을 만들어내거나 유명 디자이너의 의상 데이터를 훈련한 GAN이 새로운 옷을 디자인하는 경우 등이다.

GAN은 위조지폐범에 해당하는 생성자generator와 경찰에 해당하는 구분자discriminator를 경쟁적으로 학습시킨다. 생성자는 그럴듯한 가짜 데이터를 만들어 구분자를 속이는 것이며, 구분자는 생성자가 만든 가짜 데이터와 진짜 데이터를 구분하는 것이다. 서로 적대적인 양자를 동시에 학습시키면서 진짜와 구분할 수 없는 가짜를 만들어내는 것이다. 이는 정(正, thesis)과 반(反, antithesis)이 서로 모순적인 대립을 통해 일정 조건이 갖춰지면 질적 변화를 일으켜 단순히 산술적인 중앙값이 아닌 새로운 차원의 '최적 합(合)'을 찾아내는

GAN의 구조와 구성요소

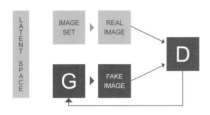

G; Generator
임의의 설정된 정보(latent space)를 바탕으로 가상의
이미지를 만들어 내는 신경망 구조의 생성 시스템.

D; Discriminator
입력된 이미지가 진짜 이미지일 확률(0과 1사이 값)을
출력값으로 하여 일치의 정도를 출력하는 시스템.

*if D(Image)=1, It must be ... **Real Image***
if D(image)=0, It must be ... Fake Image

출처: 10min deep learning, 《신경망 - GANs.》, 2018.6.29.

것이다.

[자료 4-23]에서 위조지폐범인 생성자가 임의로 설정된 정보
latent space를 바탕으로 만들어 낸 위조지폐fake image를 경찰인 구분자에
게 전달했을 때 경찰이 전달받은 지폐가 가짜라고 생각하면 다시
위조지폐범에게 환류시킨다. 이러한 과정을 수차례 반복하여 지폐
의 원본 이미지real image와의 비교를 통해 진짜인지 가짜인지 구분을
할 수 없을 때까지 반복이 되고, 구분자인 경찰은 진위 여부에 대
한 선택을 랜덤하게 할 수 밖에 없어진다. 이때 구분자가 취하는
확률값은 0.5이다. 생성자는 설정 정보와의 차이를 최소화min하는
전략을, 구분자는 설정 정보와 가짜 이미지fake image 간의 차이를 극
대화max하려 하므로 'minimax 이론'으로 알고리듬을 짜게 된다.

[자료 4-24]에서 A는 입력 데이터 원본인 독일의 튀빙겐 시내

출처: 카뉴얼, 〈구글 Deep Dream이란?〉, https://m.blog.naver.com/hii09/220491600365

의 건물과 풍경 사진 원본이다. B는 A를 윌리엄 터너의 〈미노타우
르스 호의 난파〉와 같은 질감으로, C는 빈센트 반 고흐의 〈별이 빛

나는 밤〉, D는 뭉크의 〈절규〉, E는 피카소의 〈앉아 있는 나체의 여성〉, F는 바실리 칸딘스키의 〈구성 VII〉을 따라 GAN을 사용해서 만들어낸 이미지로 마치 해당 화가가 그린 튀빙겐 건물 풍경 사진처럼 보이게 한다.

GAN으로 만들어진 딥페이크deep fake는 2020년 인공지능 분야의 주요 화젯거리다. Lyrebird AI와 같은 회사는 인간의 수초짜리 짧은 음성 녹음을 바탕으로 똑같은 디지털 음성을 복제할 수 있고, 원래 음성으로 녹음된 문장의 특정 부분을 삭제하고 다른 단어로 교체하여 문장을 완전히 새로이 만들고 조작할 수 있다.

로지스틱 회귀와
딥러닝 알고리듬의 비교

[자료 4-25]의 가장 좌측 편에는 5,000개의 손으로 쓴 숫자들hand written digits이 찍힌 사진 이미지가 있다.[13] 각 샘플은 비트맵으로 20 × 20개의 픽셀로 이루어져 있다. 이중에서 하나의 숫자인 8이 포함된 샘플이 좌측에서 두 번째 이미지이다. 세 번째 이미지인 white and gray 형태의 픽셀값pixel value은 0과 1로 이루어져 있다. 컴퓨터에게 모든 이미지는 픽셀값으로 표시되는 숫자다. 8이 들어 있는 회색 이미지는 0와 1로 이루어진 400개의 픽셀값이 입력계층의 동그

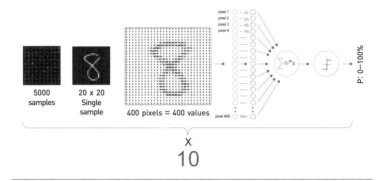

Data analytics: logistic regression and identifying hand drawn digits

라미로 표시된 각 노드와 대응되고, Pixel 1에서 Pixel 400까지 총 400개다.

그리고 붉은색 w_1에서 w_{400}까지 각 픽셀별로 가중치가 주어진다. 가중치와 픽셀값을 곱한 다음 이를 합계한 값이 $\Sigma w^k x$이다. 활성함수activation function는 시그모이드 함수로서 영zero에서 일one의 값을 가지며 확률로는 0퍼센트와 100퍼센트에 해당한다. 이러한 작업은 0에서 9까지 10개의 숫자별로 열 번을 시행하는 것이다. 각 숫자별 산출 결과는 확률 그래프인 시그모이드상에서 서로 다른 확률 분포를 보인다.

로지스틱 회귀와 비교할 때 필기체 숫자를 인식하는 딥러닝의

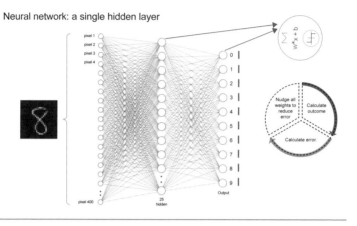

Neural network: a single hidden layer

경우에도 [자료 4-26]의 제일 왼쪽 동그라미들로 이루어진 입력계층(x)에는 400개의 픽셀로 이루어진 노드가 존재한다. 제일 오른쪽 동그라미로 구성된 산출계층(y)은 0~9까지 10개의 노드가 있다. 딥러닝이 로지스틱 회귀와 다른 점은 중간에 있는(중간계층) 25개의 동그라미로 구성된 은닉계층이라는 점이다. 여러 개의 층deep stack으로 숨어 있다는 것이 딥러닝으로 부르는 게 된 이유다.

3번째 계층의 동그라미들은 상호 간 실선으로 완전히 연결fully connected되어 있다. 은닉계층의 25개 셀(노드)은 입력계층과 산출계층에 각각 연결되어 있다. 은닉계층의 가중치와 픽셀값을 곱한 합계가 $\Sigma w^k x + b$이고, 산출계층의 첫 번째 노드(셀)는 이것을 로지스틱 회귀로 바꾼 시그모이드 함수인데, 이것이 결과값을 도출한 것이 다calculate outcome. 그리고 딥러닝 산출물의 에러값을 계산하고calculate error 가중치를 살짝 변경하여 이 과정을 다시 한 번 시행하여 산출 계층의 결과값 에러를 줄인다nudge all weights to reduce error. 이런 가중치의 미세조정 과정을 연속적으로 반복하면 에러치가 계속 줄어들게 된다. 이것이 딥러닝의 전체 과정이다. 은닉계층의 가중치 결과가 산출계층의 8이란 노드에서 가장 높은 98.8퍼센트의 시그모이드 함수의 확률값으로 나타나 로지스틱 회귀보다 훨씬 정확한 결과를 얻을 수 있다.

딥러닝 알고리듬을 훈련시키는 것의 전체 절차는 다음과 같다.

① 양질의 데이터 수집 → ② 적절한 알고리듬(CNN, GAN, RNN의 LSTM 등의 알고리듬) 선택 → ③ 파라미터 설정 → ④ 무작위의 수치로 산출물 도출 → ⑤ 훈련데이터의 에러 측정(비용함수의 계산) → ⑥ 모든 계층의 파라미터를 약간씩 변화시키기 → ⑦ 산출물의 값 도출 → ⑧ 여섯 번째 단계로 돌아가 오차(비용함수) 줄여나가기 → ⑨ 오차가 가장 적은 파라미터 값 확정 → ⑩ 검증 데이터를 모델로 테스트하여 결과값 비교 → ⑪ 결과값이 적절하지 않으면 1, 2, 3단계를 다시 설정.

이 과정을 반복해서 가장 적절한 모델을 선택하는 것은 상당히
오랜 시간이 소요된다.

제 5 장

AI

센서 데이터를
이용한
인공지능

Artificial Intelligence

외부 환경의 다양한
정보를 활용한 상황 (예측

많은 감각기관, 센서 장치, 인터넷은 환경으로부터 시각, 청각, 후각, 촉각, 미각과 관련된 정보들을 수집한다. 휴대폰 카메라, 사물인터넷에 부착된 센서, 마이크와 녹음기 등의 다양한 기기를 통해 센서 데이터Sensor Data를 수집하여 이 데이터들을 인공지능 모델로 학습시켜 예측하는데 사용한다. 이러한 센서 데이터들은 과거의 데이터의 패턴을 분석하고 현재 전개되고 있는 상황과 향후 발생할 상황을 예측하는데 사용된다. 센서 데이터에는 사진상의 안면 이미지나 동물사진, 영상의학 자료상의 병리진단 자료, 불량품과 정상제품의 사진 이미지 등 정적인 센서 데이터static sensor data와 이러한 센서 데이터가 시간적으로 연속해서 발생하는 스트리밍 센서 데이터(또는 이력 데이터, temporal sensor data)가 있다. 동적인 스트리밍 센서 데이터에는 비디오, 일정 기간 동안 측정된 온도나 기압, GPS 기반 위치데이터 등이 있다.

블루리버 테크놀로지Blue River Technology는 머신비전 기계학습과 로봇의 기능을 이용하여 잡초를 제거하는 데 있어 제초제의 사용을 80퍼센트 이상 감축했다. [자료 5-1]에서 보여지는 것과 같이 제초제에 내성을 가진 미국, 캐나다, 중국, 브라질, 호주, 프랑스 등의 농업 선진국에서 특히 많이 활용될 수 있다.

트랙터가 밭을 갈 때 설치된 영상 센서를 이용하여 잡초의 모양을 식별하고 필요한 양의 제초제를 뿌리거나 정상적인 농작물에는 그 생육 정도에 적합한 비료를 뿌리는 방식이다. 2017년 미국 농기계 회사인 John Deere가 3억 불로 인수한 이후 폭발적으로 성장하고 있는데, 트랙터가 시속 19.2킬로미터의 속도로 움직이면서 뒤쪽에 장착된 See&Spray라는 장비([자료 5-2] 참고)의 카메라가 초당 20개의 식물 이미지를 인식한다. 캡처된 이미지는 약 100만 개로 이미 학습된 머신러닝에 의해 판단이 되고, 즉시 농약의 살포량과

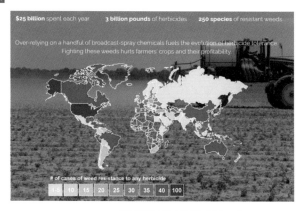

출처: 블루리버 테크놀로지 홈페이지(http://www.bluerivertechnology.com).

출처: https://medium.com/the-coleman-fung-institute/blue-river-technology-how-robotics -and -machine-learning-are -transforming-the-future-of-farming-f355398dc567.

배합이 결정되는 정밀 농법이다.

직물 염색의 불량 여부나 반도체 재료의 불량품 여부를 알아보는데 있어서도 머신비전이 사용된다. MIT의 다니엘라 루스 교수는 3,000개의 정상 직물과 1,000개의 반점이 포함되거나 찢어진 비정상 직물의 이미지 데이터를 분류한 뒤 딥러닝을 이용하여 거의 완벽에 가깝게 정상과 비정상 직물 제품을 구별했다. [자료 5-3]의 오른쪽 25개의 이미지에서 좌측 상단 이미지부터 차례로 7번째 이미지를 검색하던 중 붉은색 x표시가 된 곳인 5번째 이미지에서 불량 이미지를 검출했다.

수아랩은 고관절 입체로봇으로 촬영한 정상 이미지와 불량 이미지를 동시에 학습한 뒤 비교하여 차이가 나는 부분을 확인함으로써 PCB, 반도체, 필름, 태양광 셀, 디스플레이 패널의 불량품을 검

자료 5-3 **정상 직물과 비정상 직물**

출처: MIT Sloan School of Management, 《Machine learning: Implementation in business》.

교양으로서의 인공지능

출하는 키트를 개발하여 판매하는 딥러닝 기반의 머신비전 소프트

웨어 업체다. 공장에서 품질 불량을 체크하기 위해 사람이 육안으

자료 5-4 **SuaKIT 주요 기능과 학습 방법론**

SuaKIT 주요기능

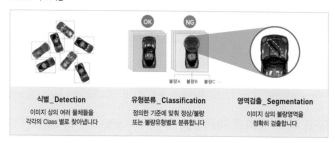

식별_Detection
이미지 상의 여러 물체들을
각각의 Class 별로 찾아냅니다

유형분류_Classification
정의한 기준에 맞춰 정상/불량
또는 불량유형별로 분류합니다

영역검출_Segmentation
이미지 상의 불량영역을
정확히 검출합니다

SuaKIT 학습 방법론

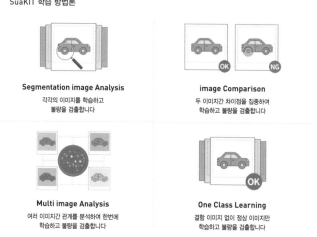

Segmentation image Analysis
각각의 이미지를 학습하고
불량을 검출합니다

image Comparison
두 이미지간 차이점을 집중하여
학습하고 불량을 검출합니다

Multi image Analysis
여러 이미지간 관계를 분석하여 한번에
학습하고 불량을 검출합니다

One Class Learning
결함 이미지 없이 정상 이미지만
학습하고 불량을 검출합니다

출처: https://sualab-image.s3.ap-northeast-2.amazonaws.com/%5BSUALAB%5D+SuaKIT+Product+Brochure_KOR.pdf

로 검수를 하거나 수학적 특성을 고려하여 프로그래머가 일일이 코딩으로 불량품을 특정하는 규칙기반 방식rule-based system의 머신비전에 비해 비정형적, 불규칙적 불량이나 에러를 검출하는 데 있어 매우 효과적이다. 2013년도에 한국에서 시작한 수아랩은 2019년 미국 코그넥스사에 2,300억 원에 인수합병됐다.

세계적인 의약품, 화장품 업체인 프록터 앤드 갬블(P&G)사의 화장품 자회사인 올레이Olay는 모바일 개인 최적화 피부관리mobile personalized skincare 서비스다. 2016년 8월부터 휴대폰에 Skin Advisor라는 앱을 깔고 셀피를 찍어 피부 나이를 측정하고 딥러닝 알고리듬 이미지 분석을 통해 히트맵heat map 등의 진단을 통해 피부관리용 화장품을 선택할 수 있게 한다. 5만 개의 셀피 이미지를 훈련시켜 피부 나이를 측정하게 하고, 얼굴의 어떤 부분(이마, 뺨, 눈가의 잔주름, 눈 아래, 입)이 피부 나이에 가장 영향을 주는지를 분석한다. 피부색, 피부톤, 피부 늘어짐, 주름, 알레르기 여부 등 소비자가 관심 있어 하는 7개의 연속된 질문을 하고, 이를 조합(경우의 수는 2.18억 개)한 뒤, 여행 등으로 외국이나 다른 장소로 이동했는지 혹은 어떤 기후조건 하에 소재하고 있는지 등을 감안하여 개인 맞춤형 화장품을 추천하고 추천 이유를 제공한다.

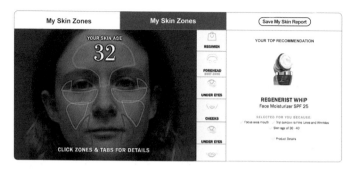

출처: Mail Online, 〈Take a selfie to tell your SKIN AGE: Olay's ingenious AI Skin Advisor tool will help curate the perfect regimen for your complexion〉, 2020.4.30.

2020년 Computer Vision Summit에서 마이크로소프트는 오래되고 손상된 원본 사진을 [자료 5-6]처럼 합성 이미지와 한 쌍으로 인공지능에 학습시켜 복원하는 머신비전 기술을 선보였다.

이 알고리듬을 오토인코더Auto-Encoder라고 부르는데 생성적 적대 신경망GAN과 유사하지만 상당히 다르다. GAN은 존재하지 않는 이미지를 만들어내는 반면, 오토인코더는 원래의 입력 이미지를 몇 개의 저차원으로 축소했다가 출력 시 다시 원래의 차원으로 재생하면서 그 특징을 효율적으로 담아내는 것이다. 오토인코더는 사람의 얼굴 사진이 흐릿하게 보이거나 영상의학 자료가 충분하지 않은 경우 이를 보정해주는 것으로 누락된 이미지 등을 재생할 때

출처: Devin Coldewey, 〈R&D roundup: tech giants unveil breakthroughs at computer vision summit〉,
Tech Crunch, 2020.7.4

사용되어 부족한 학습데이터를 효과적으로 늘려주게 된다.

스트리밍 센서 데이터 기반의 인공지능을 적용한 대표적인 사례는 자율주행차다. 차량 주위의 물체들이 움직이고 있는지의 여부와 속도나 방향성, 차량의 위치에 관한 GPS정보, 차선의 변경 여부와 방향 등에 대한 실시간 스트리밍이 일어나야 한다. 또한 주행 시 신호등이나 안내판과 주변 건물 등의 정적인 센서 데이터가 복합적으로 사용된다.

자율주행차를 설계할 때 가장 도전적인 과제 중 하나는 '자율주행차의 속도와 늦추기, 후진, 정지, 회전, 차량 간의 간격 등에 어떻게 반응해야 하는가'이다. 자율주행차의 설계에는 여러 가지 경우의 수에 대비한 시나리오가 필요하다. 낮 또는 밤 시간의 주행과 차량 운행 시 주변의 밝기, 눈·비·번개·흐린 날씨·맑은 날씨, 구분 차선 등에 따라 반응을 변화시켜야 한다. 이러한 시나리오 별로 규칙기반의 프로그래밍을 하면 정보 취합 단계별(센싱 정보의 취합 – 탐지 – 자동차 위치 정보의 확인 – 운행 방향 결정 – 핸들과 브레이크의 구동)로 엄청난 작업이 필요하고, 예측하지 못했던 상황에서 사고가 발생하기 쉽다. 레이더와 라이다 등 장비를 장착하고 딥러닝을 이용하면 인간의 프로그래밍 작업 없이도 알고리듬이 이를 학습하여 정보 취합의 중간 단계를 대체하게 된다.

[자료 5-7]의 좌측 그림은 구글의 웨이모 자율주행차가 갑자기 도로에 뛰어든 사람(노란 박스로 표시됨)을 인식한 뒤 이를 피해 좌측 차선 방향으로 진행하는 것을 보여주고, 우측 그림은 야간 도로 공사 중의 불빛 유도 등 사이를 운행하는 것을 보여준다. 웨이모는 미국 내에서 이미 1,000만 마일 이상의 자율주행 훈련을 마친 상태로 인간 운전자가 졸리거나 운전 중 전화를 받는 등 신경을 분산하여 발생하는 위험을 크게 줄이고, 차량 내에서 여러 가지 작업을 수행할 수 있게 만든다.

출처: 웨이모 홈페이지(https://waymo.com/tech/)

굿이어 타이어는 2016년 새로운 콘셉트의 타이어를 제안했다. 기존 타이어와 완전히 모양이 다른 공sphere 모양의 바퀴 4개가 바퀴별로 여러 개의 서로 다른 트랙이 장착되어 있어 비가 오거나 눈이 오는 환경에서 표면 마찰력을 제어하고, 어느 방향으로든 주행이 가능해지는 것은 물론 타이어에 3D 프린터를 내장해 타이어의 일정 부분이 마모되거나 손상된 경우 자체적으로 타이어를 재생하게 된다. 바퀴에 센서를 달아 브레이크나 조향을 조절한다. 골프공 모양의 타이어가 마치 사람의 피부처럼 도로의 노면이 말라 있는지, 젖어 있는지를 감지하고 다른 차량·교통망·네트워크 인프라·외부의 환경을 센싱한 데이터를 받아 인공지능으로 처리한다. 타이어를 모든 방향으로 구동시킬 수 있으므로 타이어의 모든 부분을 이용할 수 있고, 마치 타이어에 뇌와 감각기관을 내장하는 것과 같다. 굿이어 타이어사는 2020년 제네바 모터쇼에서 공 모양 타이어의 프로토타입인 'ReCharge'를 발표할 계획이었으나 코로나19로 전시가 취소됐다.

엄청난 양의 데이터를 단순하게 구분한다

비디오 이미지를 활용하는 스트리밍 센서 데이터의 경우 초당 60 프레임으로 구성된다. 그러므로 한 시간 분량의 비디오는 21만 6,000개의 프레임이 되어 엄청난 양의 데이터가 생성되게 되고, 이를 처리할 컴퓨터의 연산처리 능력이 문제가 된다. 2010년도에 구글 CEO인 에릭 슈미트는 2년마다 5엑사바이트exabytes의 데이터가 생성된다고 말했다. 엑사바이트는 10억 기가바이트에 해당하는 양으로서 5엑사바이트는 지구상의 모든 사람이 약 1,000권의 책 내용에 해당하는 분량의 데이터를 소유하는 것이다. 이렇게 많은 양의 데이터를 처리하는 것은 연산처리 능력에서도 문제가 될 뿐만 아니라 관리 차원에서도 바람직하지 않다. 유용한 정보와 단순한 데이터를 구분할 필요가 있다.

이러한 문제를 해결하기 위해 데이터의 분할segmentation, 요약 summary, 분류classification 등의 기법을 활용하여 주요성분을 분석한 뒤, 특정 문제해결에 최적인 데이터들로 구성된 핵심 데이터셋core dataset 을 추출하여 인공지능을 훈련시키고 반응하도록 만들기도 한다. 데이터를 좀 더 높거나 추상화된 차원에서 마이닝하고 추출하는 것이 인공지능 학습과 예측의 핵심적인 이슈로 등장하고 있다.

머신러닝 알고리듬은 핵심적인 정보를 담은 핵심 데이터셋을 활용하는 것이 컴퓨팅 파워를 줄이고 신속한 학습과 예측을 위해 바람직하다. [자료 5-8]의 왼쪽 그림은 모든 파란색과 붉은색 데이터 포인트들이 보이는 서포트 벡터 머신이고, 오른쪽 그림은 좌측 직선 아래의 모든 붉은색 데이터 포인트를 생략하고 우측 직선 위의

자료 5-8 **서포트 벡터 머신(좌)과 핵심 데이터셋(우)**

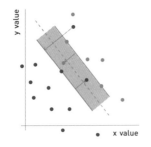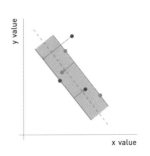

교양으로서의 인공지능

파란색 데이터 포인트를 생략한 핵심 데이터셋이다.

핵심 데이터셋을 추출하기 위해 분할을 하는 경우 수집된 모든 데이터 포인트들을 사용하는 것이 아니라 일정한 규칙을 통한 샘플링이나 무작위 샘플링random samplig을 하는 방식을 사용한다. 이 과정을 정규화regularization라 하고, 동적인 센서 데이터인 경우에는 이렇게 추출된 여러 개의 핵심 데이터셋을 통합merge한 뒤 데이터 스트림을 형성하여 기계학습을 수행한다. 이 과정에서 발생하는 에러들은 같은 방식의 샘플링을 다르게 실시하거나 서로 다른 알고리듬 기법을 혼용하여 계속해서 에러를 최소화시켜나가고 보완하기도 한다. 또한 핵심 데이터셋을 추출하는 이유는 데이터의 레이블링에 들어가는 비용과 시간을 크게 줄일 수 있을 뿐만 아니라 엄청난 양의 오리지널 데이터에 함몰되면 데이터의 패턴이나 의미를 알기 어려워지므로 핵심 데이터셋을 중심으로 이러한 관계나 구조를 파악하는 것이 도움 된다.

예를 들어, 자동차가 한 방향으로 직선상의 도로를 주행할 때 궤도 추적을 하는 경우 모든 데이터 포인트들에 대한 정보가 동일한 가치를 지니는 것은 아니다. 횡단보도의 시작점과 종단점의 데이터 포인트, 그리고 방향의 전환이 이루어지는 좌측이나 우측으로 도로가 갈라지는 지점 등의 데이터 포인트가 상대적으로 더 중요하다.

동적인 가외성Temporal redundancy은 도로를 주행하면서 매초마다 이전에 생성된 데이터와 지금 생성된 데이터를 비교한다. 데이터가 동일하다면 자동차가 같은 방향으로 일정 시간 연장이 되어 운영되고 있다는 것을 의미하므로 하나의 데이터 포인트는 생략 가능하게 되어 데이터셋을 간소화할 수 있다. 또한 동적인 정규성 Temporal regularity은 필요한 정보를 유지하는 최소 규모의 샘플을 찾아내는 과정을 의미한다.

이러한 세분화된 데이터segmentation를 집약summary하고, 이를 분류 classification함으로써 핵심 데이터셋을 통해 전체 데이터를 사용한 문제해결이나 예측을 가장 근사치approximation로 찾아내는 것이다.

교양으로서의 인공지능

제 6 장

AI

텍스트 언어처리
인공지능

Artificial Intelligence

텍스트를 활용한 자연어 처리 학습

인공지능에 쓰이는 수많은 데이터는 인간의 말이나 글이다. 특히 많은 문서, 처방전, 신문 뉴스 등은 텍스트로 작성되어 있다. 이러한 텍스트를 인터넷 검색, 음성인식 스피커, 스팸메일 분류 등에 사용하고 있다. 컴퓨터가 사용하기 용이한 엑셀이나 데이터베이스 형태로 구조화된 자료들은 전체 자료들의 25퍼센트도 되지 않고 영상, 소리 등 대부분 센서 데이터 형태나 말과 글 형태의 비구조화된 자료들이다.

자연어 인공지능은 일반적인 소리나 이미지, 영상 등이 아닌 언어로 구성된 대화나 텍스트로 이루어진 데이터가 주요 소스다. 텍스트 마이닝과 자연어 처리Natural Language Processing/NLP는 특히 텍스트로 작성된written 데이터를 처리하는 것이다. 텍스트 마이닝은 자연어 입력 텍스트를 구조화하고, 패턴을 발견하며, 산출 결과물을 평가하고 해석하여 의미가 있는 정보를 뽑아내는 기법이고, 자연어 처리NLP는 텍스트를 사용하여 기계학습을 하는 인공지능 방식이다. 언어 처리는 90년대 초 확률모델을 이용하다가 음성인식을 활용하는 방식에서 2013년 '벡터 임베딩' 방식의 딥러닝을 이용하면서 완전히 새로운 단계로 뛰어올랐다.

　텍스트로 된 자연어 처리를 위한 흐름은 다음과 같다.

■ 토큰화(가장 작은 언어단위)

문장 내의 텍스트를 순서대로 나누는 것이다(예: 토큰화는/ 문장/ 내의/ 텍스트를/ 순서대로/ 나누는/ 것이다 or 토큰화/ 는/ 문장/ 내/ 의/ 텍스트/ 를/ 순서/ 대로/ 나누는/ 것/ 이다).

② 어간 처리stemming

띄어쓰기된 각 단어를 접두·접미사 등을 제거하여 가장 기본적인 형태로 바꾸는 것이다(예: 사랑하는, 사랑스러운, 사랑을 받

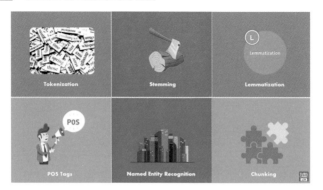

출처: Natural Language Processing In 10 Minutes | NLP Tutorial For Beginners | NLP Training | Edureka.

는, 사랑을 주려고 → 사랑하다).

❸ 표제어 lemma 찾기

처내기와 유사하나 문장 내에서 어떤 품사와 시제로 활용되었
는지도 감안하여 단어의 기본형을 찾는 것이다(예: goes, went,
gone → go).

❹ 품사/형태소 분석 part-of-speech tagging

문장 내에서 품사를 구분하는 것으로 한글에서는 명사, 동사,
조사, 부사, 형용사 등 8품사다.

⑤ 개체명 분석 Named entity recognition

POS tagging 이후 문장의 각 요소들이 갖고 있는 의존성을 분석하는 과정을 거친 후 문장 내에서 일상생활에 많이 사용되는 날짜, 시간, 장소, 사람·조직 이름 등을 뽑아내는 것이다.

⑥ 재조합 Chunking

개별 정보를 모아서 하나로 재조합해내는 것이다.

2013년 비지도학습 인공지능 알고리듬인 'Word2Vec'이 등장하여 단어 벡터 임베딩 vector embedding (벡터 삽입) 개념이 도입되면서 자연어 처리를 획기적으로 성장시켰다. 벡터 임베딩은 단어 벡터끼리의 유사도를 구하고 숫자로 표시된 벡터는 기하 공간에 유사한 것끼리 맵핑이 가능하도록 하는 것이다.

기존의 인공지능 모델은 문장 내의 언어론적 의미 semantics를 이용하지 못했지만 Word2Vec 기반의 모델은 특정 단어를 입력하면 주변에 소재하는 맥락 context이 유관한 단어를 예측하거나 주변의 단어를 입력하면 원하는 정확한 단어를 예측한다. 이 과정을 여러 차례 반복하면서 주변에 소재하는 단어를 예측하는 확률을 제고한다.

문장의 경우 문맥으로부터 중심 단어를 예측하거나(CBOW 방식),

중심 단어로부터 문맥을 예측(Skip‑gram 방식), 즉 주변 단어를 예측한다. 예를 들어 '대한민국 만세'라는 문장을 가지고 '대한'과 '만세'라는 단어를 입력하여 Word2Vec 알고리듬으로 '대한민국 만세'를 예측하는 것이다.

많은 이미지 데이터나 일반적인 소리 데이터는 이미 숫자로 표기되고 있으나 사람의 말인 문자는 그렇지 않다. 컴퓨터가 알 수 있도록 텍스트를 숫자로 표시^{encoding}해야 하지만 이 경우에 '왕'이란 하나의 단어밖에는 처리하지 못한다. 예를 들어 '왕' '여왕' '각료' '국민' '병사'라는 단어를 각각 [1,0,0,0,0] [0,1,0,0,0] [0,0,1,0,0] [0,0,0,1,0] [0,0,0,0,1]의 5개 숫자가 나타나는 5차원 벡터 형태의[14] 원 핫 인코딩*으로 텍스트를 표시한다.

* one hot encoding: 숫자 벡터에서 정답을 뜻하는 원소에는 1을 부여하여 hot한 형태로 표시하고, 나머지 원소는 모두 0으로 표기하는 배열.

딥러닝은 단순히 텍스트를 숫자로만 변환하지 않고 인간의 두뇌가 활성화되는 방식과 같이 '왕'과 연관되거나 유사한 단어(예: '남자' '권위' '최고')가 활성화되고 숫자로 표시한 이 유관 정보를 '왕'과 가까이 위치하도록 배열해야 한다. 자연어를 유의미한 벡터로 변환하는 기법들에는 Word2Vec, Neural Language Modelling, Glove, Sentence2Vec, Doc2Vec, Fast

자료 6-2

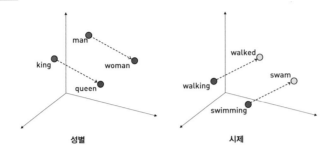

성별   시제

출처: TEAM EDA 블로그(https://eda-ai-lab.tistory.com/118.).

text 등이 있다.

[자료 6-2]에서 성별로 유사한 'king'과 'man'은 기하 공간상에서 유사한 공간에 나타나고(코사인 유사도=1), 차원도 5차원에서 3차원으로 낮아졌다. 시제상 관련이 있는 'walking'과 'walked'도 매우 유사한 위치에 나타났고 이처럼 맵핑이 되는 단어들은 비슷한 방식으로 사용된다. [자료 6-3]는 Word2Vec 프로젝터가 2차원 임베딩 공간에 의미론적으로 유사한 단어들을 배치한 것이다.

1925년부터 2006년까지 미국의 국내법을 모두 데이터화한 것이 36기가바이트, 180만 라인의 코드에 불과해서 키워드로 검색

자료 6-3

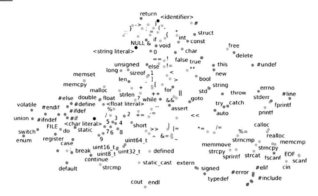

출처: ResearchGate, 〈A word2vec embedding of tokens from C/C++ source code〉.

하면 언제부터 법안에 그 키워드가 들어가 개정이 이루어졌는지를 알 수 있다. '파생상품'과 같은 키워드는 2000년대 이후에 등장하여 빈도수가 급증한 반면 '양조장'과 같은 키워드는 1920년대와 1930년대에 많이 등장한다. 특정 키워드와 다른 키워드를 상호 매칭하면 법적 규제가 어떻게 변화해왔는지 또한 알 수 있다. 이러한 것을 벡터 임베딩 방식으로 벡터 공간에 구현하면 법이 얼마나 정합성이 있는지를 알 수가 있다. 만약 어떤 키워드가 벡터 공간상에서 난잡하게 나타난다면 법의 정합성이 떨어지므로 규제를 재편하거나 간소화할 수 있다.

텍스트 자연어 처리는
어느 분야에 쓰일까?

자연어를 인공지능으로 처리하는 것의 목적은 크게 두 가지로 볼수 있다. 첫째는 문서를 분석하고 대화와 질문을 이해하기 위해서이고, 둘째는 구글처럼 검색·분류·추론하는 문제해결을 위해서이다. 인공지능을 활용하여 자연어를 처리하는 것은 키워드 검색, 철자 체크, 음성인식 스피커, 번역, 스팸메일 필터링, 챗봇, RPA, 뉴스 팩트 체크, 문장에 나타난 감성 분석sentiment analysis 등 제품·서비스나 백오피스 효율화 분야에서 활용되고 있다. 자연어 처리는 '자연어 이해'와 '자연어 생성' 두 분야로 나눌 수 있다.

1 번역

문자나 구어로 된 문장을 바탕으로 자연어 처리를 하는 가장 대표적인 활용 사례는 구글 웹사이트가 제공하는 기계번역 서비스 google translate이다. 딥러닝이 도입되기 전 컴퓨터로 언어를 번역하는 방식은 소스 언어를 타깃 언어로 번역하기 위해 사전을 매개로 했으나 이는 각 언어의 문법, 즉 영어와 한국어의 문장 구조syntax의 상이성과 의미semantics의 차이를 반영하기에는 부족했다. 구글 번역기

교양으로서의 인공지능

에서 한국어를 영어로 번역하는 데 중추적인 역할을 하는 기계학습이 순환신경망 알고리듬 중 LSTM^{Long Short-Term Memory} 모델이다. 한국어 문장을 순환신경망^{RNN/Recurrent Nueral Network}을 이용하여 숫자 벡터로 인코딩하고, 이 숫자 벡터화된 문장을 다시 RNN을 구동하여 디코딩하는 방식을 거쳐 영어로 번역하게 된다.

이베이^{eBay}는 2014년 6월 스페인어 인공지능 번역을 전자상거래 사이트에 추가하고 6개월마다 그 효과를 측정한 결과([자료 6-4] 참고) 미국에서 라틴 아메리카로 수출되는 상품을 10.9퍼센트나 증가시켰다.[15] 러시아어 등 다른 언어의 인공지능 번역의 경우에도 비슷한 효과가 있다고 한다.

자료 6-4 **스페인어 인공지능 번역을 전자상거래 사이트에 추가한 효과를 측정한 결과**

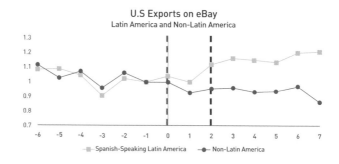

137

순환신경망은 번역이나 감성분석에 자주 사용되는 딥러닝 알고리듬이다. 신경망에 기억을 갖게 해주는 것으로 직전에 한 행위를 기억하여sequence modeling 결정을 하는 것이다. RNN은 모든 입력값이 독립적이라고 가정하고 산출물은 이전의 연산 및 결과에 의존적이다. 결정 시 이전에 결정한 것이 입력되어 이를 참고하고 이번에 받은 정보와 종합하여 결정을 하는 것이다. 따라서 신경망이 정보를 매우 잘 관리한 형태가 되는 것이다. 전 단계에서 한 결정이 다시 돌아와recurrent 딥러닝을 하므로 '순환신경망'이라고 한다. 데이터를 순차적으로 처리하기 때문에 언어의 고유한 순차적인 성격을 포착한 문맥의존성 모델링이다.[16]

자료 6-5

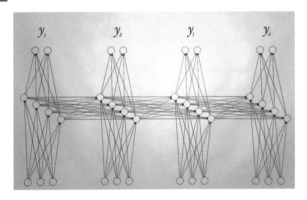

출처: 정상근, 〈딥러닝을 활용한 자연어 처리기술실습〉 2강, T아카데미.

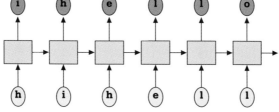

자료 6-6

Teach RNN 'hihello'

[1, 0, 0, 0, 0], # h 0
[0, 1, 0, 0, 0], # i 1
[0, 0, 1, 0, 0], # e 2
[0, 0, 0, 1, 0], # l 3
[0, 0, 0, 0, 1], # o 4

[1, 0, 0, 0, 0] [1, 0, 0, 0, 0] [0, 1, 0, 0, 0] [0, 1, 0, 0, 0] [0, 1, 0, 0, 0] [0, 0, 0, 0, 1]

i h e l l o

h i h e l l

[자료 6-5]는 순환신경망 은닉계층이 상호 연결되어 전 단계 결정을 기억해 넘겨받는 것이고, [자료 6-6]은 x에 투입되는 'h(h의 원 핫 인코딩 [1,0,0,0,0])','i','h','e','l','l'을 넘겨받아 신경망이 이에 대응하는 y산출물 값을 'i','h','e','l','l','o'로 만들어내고 마지막 층[layer]에서 이런 모든 정보를 취합하여 "hihello"를 출력한다. 시퀀스로 인코딩된 마지막 출력(벡터값)만을 가지고 미리 정해놓은 범주/분류항목[class]과 매핑하면 된다. 구글 번역기도 마지막 계층에서 생성한 "hihello" 문장의 원 핫 인코딩 값을 받아서 다시 동일한 시퀀스의 순환신경망에 디코딩[decoding]하면 "안녕 처음 뵙겠습니다"로 번역된다.

② 감성분석

감성분석은 "기대와 다르게 한국이 코로나19 바이러스 방역에 성공적이네(긍정)" 혹은 "싼 게 비지떡이라는 말에 꼭 맞는 투어 패키지네요(부정)"와 같은 문장에 해당되는 감성을 분석하는 것으로, 지도학습 기반의 분류 기계학습이다. 이 경우 사전에 정의된 항목class을 긍정, 부정, 중립, 객관 등으로 정하고 어디에 해당하는지를 감성분석으로 선택한다.

분류항목별로 구분된 텍스트를 입력하여 기계학습 모델을 훈련한 이후 특정 문장이나 문서를 훈련된 모델에 입력한다. 랜덤 포레스트 의사결정트리 방식 등의 딥러닝을 통해 분류항목별 빈도를 측정하여 가장 높은 빈도로 나타난 분류항목의 감성분석이 예측결과가 되는 것이다. 이 방식은 정책에 대한 반응, 레스토랑 방문후기 등의 반응을 분석하여 대응하는 데 도움이 된다.

벡터 임베딩이 고안되고 검증된 이후, 단어 결합이나 문장으로부터 높은 수준의 속성feature을 추출해내는 효율적인 알고리듬의 필요성이 높아졌다. 이러한 추상화된 속성들은 감성분석, 번역, 질의응답, 요약 등 다양한 NLP 문제의 처리에 활용되어진다. 딥러닝방식은 문장의 다양한 언어론적 의미를 분석하기 위해 활용되고있다. 합성곱 신경망CNN은 문장을 구성하는 단어들은 문서와 맵핑,

분류, 질의를 이해하고 분석한 후 답변의 표현을 찾는 것 등에 매우 유용하다. CNN은 의미적 단서를 추출하는 데 매우 효율적이나 많은 데이터를 필요로 한다. 특히 문장 안에서 먼 거리의 문맥정보를 모델링하기가 불가능해서 번역 등에는 유용하지 않다. 이런 목적에는 순환신경망이 적절하다.

예를 들어, 유사한 두 개의 문장이지만 "Traffic Ticket Fines(교통위반 티켓은 벌금)"은 unhappy한 감정이고, "Traffic Is Fine(교통이 좋다)"은 happy한 감정으로 이분해서 볼 수 있다. 이를 RNN 모델로 구현하면 [자료 6-7]과 같다.

[자료 6-8]에서 마지막 단계가 감성분석에서 중요한데 x3(입력값)은 은닉계층에서 이전 단계의 은닉 단계의 W_{hh}, W_{xh}, 그리고 편향(b)을 감안한 최종값이 소프트맥스Softmax 함수를 거쳐 확률값으로 예측·표현된다. 이 확률 예측값을 다시 실제 분류값target과 비교하

자료 6-7

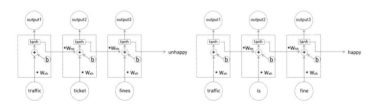

출차: 허민석, RNN 기초 (순환신경망- Vanilla RNN)

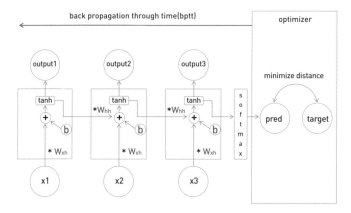

출처: 허민석, RNN 기초 〈순환신경망- Vanilla RNN〉

여 다시 오차를 최소화하기 위해 역순으로 이동하면서 W(가중치)의 값을 조정하는 역전파 과정back propagation through time을 거친다.

인간의 언어나 텍스트뿐만 아니라 소리·영상·문서 어떤 데이터라도 순환신경망으로 처리가 가능하다. RNN은 이전 은닉계층의 파라미터(가중치)의 값이 점차 사라지는 문제vanishing gradient를 해결하기 위해 RNN을 약간 변형하는 LSTMLong Short-Term Memory, GRUGated Recurrent Units와 같은 다양한 방법론을 활용한다. RNN은 빈도 기반의 단어 분류보다는 긴 문장의 문맥 구조에서 복잡한 시퀀스를 모델링하는데 효율적이고 문자와 문장 분류를 함에 있어 뛰어난 성능을 보여 준다. 자연어를 생성하는 것도 비교적 용이하여 인공지능을 활용한 번역 등에 RNN 알고리듬이 많이 사용된다.

3 질의응답과 사실 확인

질의응답은 질문을 분석하고 이와 유관한 답변과 그렇지 않은 답변을 구분하는 것이다. 이 경우 어떤 질문을 일련의 단어sequence of words로 요약하고, 이를 임베딩 벡터로 표현한 뒤 기계학습 모델을 가지고 이 특정한 질문question or query에 특정 답변이 좋은지 나쁜지를 훈련시키는 것이다.

예를 들어, 네이버 지식인이나 특정 여행 사이트에 "한 달간 해외여행을 하고 싶은데 현재(2020년 7월) 코로나19 사태로 입국 비자의 발급이 제한되는 나라가 많다고 들었습니다. 여행할 수 있는 나라를 리스트해주세요"라는 질문을 포스팅했다고 하자. 이때 질문의 키워드는 '비자 발급을 제한한 나라'다. 이 질문에 대한 답변으로 제대로 된 나라 이름이나 비자 발급 상황이 언급된 경우를 제외한 "A국의 방역은 엉망이니까 가지 마세요"나 "KF94 마스크를 싸게 팝니다"와 같은 엉뚱하거나 스팸성·광고성의 무관한 답변은 제거되어야 한다.

질의응답의 기계학습에서 과연 진실한 답변인지 사실을 체크하기 위해서는 먼저 질문의 핵심 키워드가 주장하는 바를 확인claim identification해야 한다. 그다음으로 위키피디아, 뉴스, 다양한 문서 정보 소스에서 추출한 답변이 질문에 대해 어떤 입장을 취하는지를 파악stance detection해야 한다. 마지막으로는 답변이 사실인지를 확인fact checking해야 한다. 사실 확인 과정에서 주장의 정확성이나 가짜 뉴스 등에 대한 판별이 가능해진다.

트위터는 2020년 5월 26일부터 미국 도널드 트럼프 대통령의 트윗에 대해 사실관계를 제공하기로 했다. 그 첫 번째로 "우편 투표는 위조되거나 사기성이 농후하다"는 트럼프 대통령의 주장에 대해 인공지능으로 사실 확인을 실시한 바 있다.

11번가는 'AI · 빅데이터를 기반으로 거래에 최적화된 기술을 개

자료 6-9 **트럼프의 트윗**

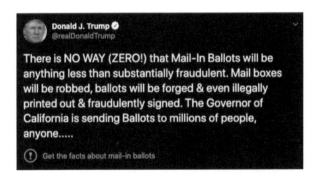

출처: 김지승, 《11번가 Digital Transformation》, 서비스혁신 심포지움, 2020.7.2.

발하여 고객으로부터 신뢰받는 최고의 커머스 포털commerce portal'을 추구하고 있다. 자연어 처리를 바탕으로 30여 개의 주요 키워드 맞춤 검색을 제공한다. 가령 어버이날, 어린이날, 설, 추석과 같은 자연어를 학습시켜 이성친구(남친/여친)의 부모님, 자녀의 선물을 추천한다. 재미있는 사실은 어버이날에 본인의 부모보다 이성친구의 부모님 선물을 고를 때 훨씬 비싼 것을 더 많이 구매한다고 한다.

4 업무 자동화

대표적인 업무자동화 솔루션은 RPA다. 회계처리나 지속적인 엑셀 데이터 입력과 같이 반복적인 업무의 자동화에 많이 사용되는데 사람의 행동을 흉내 내어 일련의 단계^{sequence of steps}를 인간의 개입 없이 자동으로 처리하는 것이다.[17]

RPA가 활용되는 간단한 예는 다음과 같다. 이메일에서 PDF 파일을 추출하고 그 PDF 파일에서 데이터를 읽어 엑셀 파일로 컴퓨터에 저장한다. 그 후 인공지능의 로봇이 기업용 웹시스템을 구동하여 엑셀 데이터의 한 줄의 행에 표기된 내용에 맞추어 고객에게 보내는 송장^{invoice}을 자동으로 작성한다. 작성된 송장 보고서들을 자동 저장한 후에 고객들의 주소로 다시 송장이 첨부된 이메일을 보내게 된다.

RPA는 지도학습의 경우 기존에 수차례 학습한 것을 바탕으로 분류 방식을 추론하여 인간이 일일이 수작업으로 분류명을 넣어주는 수고도 덜어줄 수 있다. GS리테일은 2020년에 행사 지원, 반복 작업, 대사 처리 등의 13개 업무를 RPA로 전환하는 것을 완료했는데 연간 약 7,200 시간의 업무 효율화를 달성할 것으로 예측하고 있다.

5 가상 치료 서비스 Virtual care service

아마존 파머시^{Amazon Pharmacy}는 2018년 10억 불에 온라인 약국 '필

출처: CB INSIGHTS, 2020.6.9. With Covid-19 In The Spotlight, How Is Big Tech Betting On Healthcare Startups?

팩 PillPack'을 인수했다. 필팩은 약 처방 prescription drug이나 기존과 동일한 처방의 의약품을 온라인으로 주문하고, 배송은 아마존 배송망을 이용하는 서비스를 제공하고 있다.

또한 Amazon Care는 2019년 말 기계학습 기반의 헬스 챗봇을 가동하고 있다. 2018년부터는 자사 직원들을 위한 가상 및 대면 응급치료, 예방치료 및 약 조제 등을 통해 민영 자체 의료보험 사업 운영을 주진하고, 더 많은 인공지능용 치료 데이터를 축적하고 있다.

아마존의 의료 및 건강에 관한 많은 오디오 데이터를 자동 음성 인식 솔루션인 'Amazon Transcribe Medical'을 이용해 텍스트(audio → text)로 바꾼 후 NLP 처리를 통해 내용을 분석(text → analysis)한다.

출처: 2019.12.19. AWS re:Invent 2019: (NEW LAUNCH!) Amazon Transcribe Medical: Transforming Healthcare w/ AI (AIM210).

이 과정에서 음성 데이터를 텍스트로 변환하고 분석하며, EMR(의료 기록으로 알레르기, 약 처방, 문제 등을 기록한 것)을 업데이트해주는 것은 의료인들에게 많은 시간이 소요되는 과도한 의료 관련 서류 작성이나 데이터 입력의 부담을 줄여줄 수 있다. [자료 6-12]에서 컴퓨터 화면의 좌측 부분은 의료진이 보유한 차트이고, 중간 부분은 음성을 텍스트로 변환한 것이며, 마지막 오른쪽 부분은 주석 란으로 필요한 조치를 제안한다. 인공지능으로 추출한 텍스트 중에서 일부를 클릭하여 좌측 부분의 차트에 붙여넣기 하는 방식으로 사용할 수 있다.

제7장

AI

음성인식을
활용한
인공지능

Artificial Intelligence

말하는 의미를 파악하고
결과를 예측한다

2011년 아이폰에 시리siri가 내장되면서 음성인식speech recognition에 대한 일반인들의 인식이 매우 확산되었다. 이제는 아마존의 알렉사, 구글의 OK 구글, 마이크로소프트의 코타나, SKT의 누구, KT의 기가지니를 일상적으로 사용하는 시대가 되었다. 많은 유튜브 동영상에서 자동적으로 영어 자막이 생성되는 것도 음성인식이 적용된 사례다. 콜 센터 등에서는 자주 묻는 질문을 인공지능 챗봇이 답변하고 있는데, 앞으로 유망한 음성인식 적용 분야는 회의 시 특정인이 발언한 내용을 받아 적거나transcription 구글 어시스턴트Google

Assistant와 같은 음성인식을 기반으로 사용자의 질문query에 대해 답변을 제공하는 것이다.

KT는 음성인식 스피커 기가지니를 활용하여 체크인에서 체크아웃까지 AI 호텔서비스를 제공하고 있다. 호텔 정보 안내, 객실 배달 서비스, IoT 시설에 대한 음성 제어로 객실의 조명 및 가전 통제("화장실 전등만 켜고 싶어" "자다가 더우면 에어컨을 틀어줘" 등), 외국인 관광객에게 다국어 서비스, 음악 콘텐츠 제공, 객실 내에서 체크아웃까지 가능하다. 동대문에 있는 노보텔 호텔의 경우 프런트 연결 없이 일일 200건의 요청을 처리한다. 코로나19로 인해 비대면 서비스를 오히려 선호하고 일일 30건 정도 음성으로 서비스를 요청한

자료 7-1

AI Hotel로 체험하는 인공지능 서비스

출처: 임채환, 《Hospitality 산업의 AI와 DX》, 서비스혁신 심포지움, 2020.7.2.

교양으로서의 인공지능

다고 한다.

구어spoken language나 대화를 인공지능으로 음성인식하는 데는 여러 가지 어려운 점이 있다. 첫째, 화자(話者, 말하는 사람)마다 말하는 스타일이 다르다는 것이다. 하이 톤으로 말하는 경우, 우물거리며 말하는 경우 등 다양한 스타일이 존재하고, 한 단어가 아닌 문장을 말할 때는 억양이나 강조하는 것에서 더 큰 변이가 발생한다prosody(운율). 둘째, 말의 속도나 나이, 성대 구조나 축농증 보유 여부 등 화자의 신체적인 특징도 큰 영향을 준다. 셋째, 한국인의 영어와 인도인의 영어가 다르듯이 외국어나 사투리 같은 경우 언어에 따라 화자의 특성도 변한다language understanding. 넷째, 말할 때의 환경도 중요하다. 자동차 운행 소리 등의 소음이 있거나, 넓은 강연장에서 마이크로 말할 때는 에코로 인해 음향이 울리지만 전화 통화를 할 때는 비교적 명확하게 들리거나, 다른 화자가 말하는 음성이 혼재하는 경우 등이 있다. 다섯째, 과제 특성과 관계된 것으로 수많은 전문용어가 있고, 단어와 작업이 이루어지는 것이 단순한 명령과 지시로 이루어지는 경우도 있지만 전염병 감염 예방에 관한 격렬한 토론 등의 경우에는 내용도 복잡하지만 화자의 감정도 개입하게 된다sentiment analysis.

음성인식을 하는 데 있어서 기계학습은 화자가 말하는 큰 맥

락을 이해한 후 구술된 문장의 의미를 파악하는 것이다speech understanding. 우선 발성포착speech detection을 위해 발성utterance된 음성 파동의 주파수를 0.02초 정도의 매우 작은 단위의 프레임으로 쪼개어 특징attribute을 추출하는 음향 장면 분석acoustic scene analysis 과정을 거친다. 그 후 미리 등록되어 있는 n명의 화자 가운데 목소리가 가장 유사한 한 명을 찾아 화자 모델과 유사도가 가장 높은 것을 선택하는 화자식별speaker identification 과정을 거친다. 이 과정에서 대상 화자가 맞을 경우 화자인증speaker verification이 이루어지고 이러한 기능은 스마트폰의 잠금 해제를 위한 사용자 인증 등에 사용된다.

이 과정에서 대화에 몇 사람이 참여하고 있고 언제 말하는지를 파악하는 화자분리speaker diarization도 이루어져, 첫 번째 화자가 말을 마치고 다음 화자로 넘어갈 때 말하는 내용을 받아 적는 것이 가능해진다. 이러한 선행 작업이 일어난 후에 어떤 행위를 취해야 할지를 파악하는 것이다dialog management.

구어형 자연어 처리에서 딥러닝의 장점은 인간이 말하는 관련 음성 및 단어 데이터베이스와 수많은 대화형 질문 응답을 학습시킬 경우, 텍스트처럼 구조화되어 있지 않고 아주 부분적이고 세밀한 음성학적 속성들을 무시하고 처리가 가능해진다는 것이다. 비록 데이터베이스에 모든 단어가 기록되어 있지 않거나 다른 형태로 저장되어 있을지라도 기존의 대화들과 상호 연관^{associating}시키는 작업을 함으로써 사람이 특정 상황에서 말하는 의미를 파악하고 결과물을 산출할 수 있게 된다.

딥러닝 음성인식의 장점은 Word2Vec이 단어 벡터 임베딩을 하듯이 개별 화자의 음성 벡터 임베딩을 한다는 것이다. 따라서 개별적인 화자들은 벡터로 나타나고 어떤 얘기를 하는지에 관계없이 콘텐츠와는 무관하게 목소리를 이차원 공간에 벡터로 나타내게 된다. 이러한 과정에서 화자분리라던지 화자인증이 이루어져서 스마트폰의 잠금 해제를 위해 비밀번호를 말했을 때 목소리만으로 동일인 여부를 확인할 수 있다. 정확한 화자식별은 회의에서 특정인이 발언한 내용을 인공지능이 자동적으로 받아 적기를 통해 기록할 수 있고, 언어/사투리식별은 콜 센터에서 챗봇이 특정 언어나 사투리를 쓰는 고객을 해당 언어나 사투리에 대해 응대할 수 있는 상담원에게 정확하게 연결시켜줄 수 있다.

다양한 모드를 이용한 언어 처리

언어를 이해하는 데 단순히 발성된 대화나 음성만으로 파악하기 보다는 몸짓gesture을 인식하고 눈을 따라 가거나 표정을 확인하는 등 다양한 모드를 동시에 결합하여 사용하면 화자의 발언 내용과 주제, 감정, 중요성 등을 이해하기가 더욱 용이하다multi modal language processing. 사람들이 말을 할 때 특정한 상황에 맞는 몸짓을 하는 경우 의미를 명확히 하거나 단순화시킬 수 있고, 심지어는 "의견에 동의한다"라고 발언하는 것보다 크게 고개를 끄덕이는 것이 때론 훨씬 더 효과적이다. 또한 기계학습의 경우에는 수많은 유튜브 동영상 자료에서 화자가 요청하는 질문에 대해 정확히 답변하는 동영상의 특정한 부분과 연관시키거나, 마이크 위치와 카메라 위치를 통해 화자의 위치를 추정하거나, 화자의 입술 모양 변화를 통해 단어를 추정할 수 있다audio-visual synchronization.

두 개의 합성곱 신경망을 가동하여 한 개의 신경망은 음성 녹음을 훈련하고, 또 다른 신경망은 영상 자료를 스캔하여 학습한 다음 그 결과치의 유사성을 계산하는 방식으로 진행할 수 있다. 여러 명의 화자가 "이것은 고양이 사진이다"라고 수백 차례 반복해서 말하고 유사한 고양이 사진을 계속해서 입력 데이터로 투입하거나 "이 의견에 동의하십니까?" 혹은 "아, 그렇군요!"와 같은 종류의 발언과 관련된 수백 개의 언어 데이터 세트와 '고개를 끄덕이는 사진'을 쌍pair으로 입력하여 신경망을 훈련시킨다. 이런 방식으로 화자의 '고양이'라는 단어의 발성과 '고양이 사진'을 3차원 좌표 공간에 비슷한 위치에 오게 하고, "동의한다"라는 발성과 '고개를 끄덕이는 영상'이 비슷한 좌표 위치에 놓이게 되는 학습을 하게 된다. 이렇게 학습되어 3차원 공간audiovisual embedding space에 임베딩된 오디오와 비디오를 이용하여 실제 문제해결을 위한 음성 데이터를 입력하면 이미지를 상호 대응시켜 분류를 하게 된다.

[자료 7-2]에서 "A yellow banana"라는 음성은 밝은 노란색 동그

자료 7-2

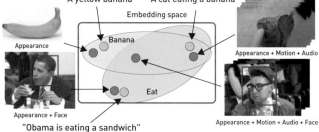

출처: https://www.groundai.com/project/learning-a-text-video-embedding-from-incomplete-and-heterogeneous-data/1

출처: MIT Sloan School of Management, 《Machine learning: Implementation in business》.

라미로, 바나나의 이미지는 회색 동그라미로 임베딩(삽입)되어 있고, 바나나를 먹고 있는 모자를 쓴 관중과 고양이처럼 바나나와 관련된 이미지나 오디오는 푸른색 평면 공간에 포함되어 나타난다. 2차원의 이미지와 음성 벡터 포인트들이 또 하나의 푸른색 평면 공간과 결합하여 3차원의 임베딩 공간을 구성하고 있음을 알 수 있다.

[자료 7-3]은 "매우 높은 산이 있고 산 정상은 눈으로 덮여 있습니다. 산 아래는 붉은 꽃이 가득 핀 들판이 있습니다"라는 음성 녹음에 해당하는 이미지를 보여주는 것이다. "산 정상이 눈으로 덮여

있다"라는 녹음과 일치하는 이미지가 사진 속 하늘색 테두리 안에 표시되어 있다. 이와 같이 음성과 이미지를 쌍pair으로 매칭시켜 학습시키면 훨씬 정밀도precision가 높아지고 인간의 음성인식과 구어 이해와 비슷하게 처리하고 작동하게 된다. 여러 가지 모드의 데이터를 동시에 활용하면 자연어를 처리하는 딥러닝 알고리듬의 성능이 급속도로 좋아질 것으로 기대된다.

음성 파일은 음성 파동을 잘게 쪼개고, 이미지 파일은 픽셀별로 잘게 쪼개며, 텍스트 파일 역시 형태소 단위로 잘게 쪼개어 숫자로 코딩함으로써 고차원high dimension의 복잡한 데이터를 단순화시켜 저차원low dimensin으로 낮출 수 있다. 그럴 경우 언어적 의미semantics 나 속성을 훨씬 더 쉽게 포착할 수 있고, 숫자로 코딩된 벡터값으로 표현됨으로써 이미지, 음성, 텍스트라는 3개의 데이터를 멀티모드로 동시에 딥러닝으로 처리할 수 있게 된다. 2차원 또는 3차원 벡터 공간에 유의미한 일련의 숫자들로 이루어진 벡터가 인접한 위치에 삽입vector embedding되어 나타나고 처리되는 것이 인공지능 자연어 처리의 새로운 주요 기법을 형성하고 있다.

사람의 목소리로
출력한다

음성 합성speech synthesis 기술은 텍스트 문자열을 입력하면 사람의 목소리로 출력하는 것TTS/Text to speech이다. 최초의 음성 합성기는 이런 인간의 음성을 만드는 신체 기관인 조음 기관을 직접 흉내 내려는 시도에서부터 출발했다. 최근에는 조음 기관을 직접 흉내 내는 대신 음성의 음향적 특징을 컴퓨터로 모델링하거나, 음성을 음소 단위로 잘게 쪼개 이어 붙이는 방법을 주로 선택해왔다.

딥러닝 기반의 음성 합성 기술이 등장하여 몇 시간 분량의(텍스트. 음성) 쌍에 해당하는 입력과 출력에 대한 데이터만 존재하면 그 사이의 함수 관계를 신경망이 스스로 학습한다. 그리고 그 중간 과정이 어떻게 처리되는지 정확히 알지 못해도 텍스트 문자열에서 스펙트럼을 생성하고 스펙트럼으로부터 음성 파형을 생성해준다. 학습이 끝난 후 모델이 만들어지면 새롭게 입력된 텍스트 문자열을 음성신호로 자동 출력해준다.

제8장

AI

거래 데이터를
활용한
인공지능

Artificial Intelligence

거래에서 발생한 데이터로 학습한다

거래 데이터Transaction data는 우리 일상생활에서 수없이 발생하고 있다. 소비자가 백화점에서 쇼핑을 하거나 레스토랑에서 음식을 사먹을 때, 은행으로부터 대출 승인을 받기 위해 여러 가지 신용 관련 자료를 제출할 때, 병원에서 물리치료를 받을 때, 스마트폰의 여러 가지 앱을 클릭하거나 페이스북 등에 소식을 올릴 때, 넷플릭스 웹페이지를 방문하여 여러 가지 문의를 할 때 등이다.

거래 데이터는 그 특성상 두 명 이상의 행위자가 관계되어 있다. 제조 혹은 서비스 기업이나 공공 서비스를 제공하는 기관의 입장에서 거래에서 발생한 데이터를 기계학습을 하도록 하여 부가가치를 높이거나 생산성을 증대시킬 수 있다. 아마존에서 특정 도서를 구입하면 '이 책을 구입한 사람들이 선택한 연관분야의 서적'을 추천해주는 것도 그 일환이다. A라는 고객이 세탁기와 건조기가 결합된 제품을 샀을 때 A와 유사한 그룹의 고객군이 다음으로 구매하는 물건은 어떤 것인지, 아파트를 담보로 신용대출을 받은 사람들이 제때 융자금을 상환할 확률과 어떤 요소가 대출의 성실한 상환에 기여하는지 등에 대한 유형pattern을 분석하게 되면 수입을 제고할 수 있을 뿐만 아니라 거래에 따르는 위험을 낮출 수 있다.

금융 분야에서 더 활발한 인공지능

헤지 펀드는 오랫동안 시계열 거래 데이터의 시퀀스를 바탕으로 인공지능을 적용해왔다. 최근에는 주식투자에도 시계열 데이터 분석용 순환신경망의 LSTM 모델과 은닉계층을 결합하여 주가를 예측하고 있다. S&P가 인수한 '켄쇼Kensho'는 이러한 동향의 대표주자다([자료 8-1] 참고). 인공지능 알고리듬을 기반으로 하는 투자 결정은 지식과 경험을 기반으로 하는 전문가의 재량적인 결정과 비교했을 때 상당한 장점이 있는 것으로 받아들여지고 있다. 감정과 무관한 냉철함, 24시간 운영, 일관된 결정 등이 가장 큰 장점으로 꼽히고 있다. 미국의 찰스 슈왑Charles Schwab, 베터먼트Betterment 등 온라인 증권회사도 어느 정도 인공지능이 적용된 로보 어드바이저robo advisor가 고객의 요구 사항을 반영하여 필요한 투자 자문이나 투자 상품의 선택을 지원하고 있다.

전 세계 16개국에서 영업 중인 덴마크의 단스키 은행Danske Bank은 규칙기반 시스템을 이용한 금융거래 신용평가점수 대신 의사결정트리 방식의 앙상블 기계학습과 LSTM, CNN 방식의 딥러닝을 통

자료 8-1 **달러가 오르면**

Case 3. 달러가 오르면 보통 아시아 시장 주식은 어떨까?

10년차 시니어급 애널리스트조차 달러 강세 시기를 일일이 찾아 시장별로 구분하고 이를 통계 프로그램에 넣고 돌리는 데 적게는 한 시간, 많게는 반나절이 걸릴 것이다.
하지만 로봇은 1분도 채 걸리지 않는다. '홍콩항셍지수는 24.21%, 일본 닛케이지수는 18.59% 떨어졌다'는 답변이 나온다.
브렉시트로 시장이 출렁였을 때 이후 수익률이 상승할 분야가 어디인지를 묻는 질문에도 1분내에 답변을 내놓는다.

뉴욕타임스는 켄쇼에 대해 '연봉 50만 달러(약 5억 8800만 원)를 받는 애널리스트가 40시간 걸릴 일을 켄쇼는 단 몇 분 만에 그것도 정확한 데이터로 결과물을 제시하고 있다'고 평가했다.

출처: 소수몽키, 〈월가 애널리스트들을 집싸게 한 인공지능 이야기〉, 2020.2.26.

해 금융 부정 문제를 크게 개선했다.

2016년부터 금융 부정이 급증했는데 사기성 청구서 보내기, CEO인 것처럼 꾸며 비서에게 송금하라고 요구하기, 피싱phishing 사기 등의 금융 부정 탐지fraud detection 비율은 40퍼센트 정도에 불과했다. 하지만 매일 최대 1,200건 정도의 잘못된 부정사용 경고 신호를 발송해 전체 경고 건수 중 99.5퍼센트가 엉터리 시그널이었다. 이 문제를 해결하기 위해 사기 금융 범죄자들이 사용하는 기기나 거주지, 고객의 나이나 성별과 같은 프로필, 고객의 누적 거래 데이터 등의 다양한 빅데이터를 가지고 챔피온/챌린저champion/challenger 방식의 딥러닝 솔루션을 개발했다. 여러 개의 딥러닝 모델을 동시에 가동하면서 가장 예측 정확도가 높은 모델을 챔피언 자리에 앉히고, 나머지 딥러닝 모델들을 계속 챔피언과 경쟁시켰다. 인공지능을 적용한 후 잘못된 알람은 60퍼센트 줄어들고, 정확한 경고 신호의 비율은 50퍼센트까지 높아졌다.[18]

마스터카드Mastercard의 경우 고객의 개인정보와 계좌 정보를 해킹하거나 반복적인 카드 거래를 분석하여 비밀번호를 파악하는 등 부정한 신용카드 사용 시도가 온라인의 경우 전체 조회 횟수의 40퍼센트에 달했다. 하지만 신용카드 지불 결제 승인 거부가 44퍼센트 정도 잘못 탐지된 것으로 나타나 정당하게 마스터카드를 사용하려는 고객들로부터 불만을 사곤 했다.

그 후 마스터카드는 암호화된 위치 정보 데이터, 안면인식이나 홍채인식과 같은 바이오 메트릭biometric 정보, 고객 행동 데이터(고객의 전자상거래 사이트 검색 습관, 전화사용 여부, 타이핑 방식 등), 쇼핑 시 카드 사용패턴 등 다양한 소스의 데이터를 입수하여multi-layered information source 인공지능으로 분석한 뒤 승인 여부를 결정하고 카드 소지자에게 결과를 통보하는 방식으로 카드 부정사용 방지율을 제고해오고 있다.[19]

거래 데이터의 사용 시 타 기관이나 회사의 암호화된 개인정보가 보호되는 데이터를 입수하여 이용자의 행위 상호 간의 연관관계 분석을 통해 카드 부정사용 등의 패턴을 분석할 수 있는 것이다. 비즈니스 파트너인 타 은행의 서로 다른 지점이나 카드 사용이 발생하는 서로 다른 백화점에서 발생하는 익명의 카드 사용 거래의 일정한 패턴 중 부정사용이 지속 발생하는 경우를 찾아낼 수 있다. 오리지널 데이터raw data가 아닌 암호화된 데이터라도 충분히 기계학습용 훈련데이터가 될 수 있으므로 새로운 비즈니스 프로세스를 정립할 가능성을 모색해야 한다.

고객의 신용카드 부정사용의 문제도 인공지능을 활용하면 검출해낼 수 있다. 이 경우 어느 정도 부정확한 것은 감수하더라도 오히려 과도한 예측^{over prediction}이 미흡한 예측^{under prediction}보다 나을 수 있다. 그러나 알고리듬으로 부정사용의 유형과 금액만을 구분해내는 정확성^{accuracy}을 보여주는 것만으로는 부족하다. 거기에 부정사용의 사유를 밝혀내는 설명력^{interpretability}을 갖추는 것도 중요하다. 이는 고객과 거래를 중지하는 것뿐만 아니라 이로 인한 분쟁이 생길 경우에 사유를 밝혀서 대응이나 향후 발생할 부정사용의 경우를 미리 방지하기 위한 데이터 수집을 하기 위한 것이다.

성공과 실패, 관계 데이터를 기반으로 분류한다

2019년 9월, 〈포브스〉가 발표한 미국 50대 인공지능 업체 중 19위[20]를 차지한 패스에이아이^{PathAI}라는 인공지능 솔루션 업체는 환자의 세포와 림프 조직에 대한 X-ray나 자기공명영상을 바탕으로 암세포가 존재하는지, 머크^{Merck}와 같은 제약회사와 협력하여 어떤 치료약이 효과가 발생하는지를 판단하고 암 치료약 개발을 돕는다. 치료약 개발은 약품 개발과 임상 1, 2, 3단계의 두 부분으로 나누어지는데, 마지막 단계인 임상3상은 수천억 원이 소요되므로 임상 적용 시 성공 여부를 예측함으로써 마지막 임상을 실시할지의 여부를 선택하는 데 도움을 주고 있다.

입력 데이터는 병리학적 영상 이미지, 치료 내용(투여한 치료약과 수술 처리 등), 치료 결과로 구성된다. 환자에게는 어떤 치료약이 효과가 있는지, 왜 어떤 환자는 다른 환자에게 효과가 있는 치료 방법이 먹히지 않는지를 구분한다. 머신비전의 영상이 지도학습을 기반으로 세포가 정상세포, 암세포 또는 면역세포인지를 레이블링하고, 치료 데이터와 치료 결과 데이터를 매칭하여 상관관계를 분석한다. 영상의 이미지와 여타 입력 데이터의 상관관계 분석을 바탕으로 향후 환자에게 어떻게 병이 전개될 것인지를 예측하여 병리학자들의 판단력을 제고하는 데 성과를 보여주고 있다.

대장이나 두뇌의 자기공명영상 등에 나타난 종양 부위를 확인하는 데 병리학 의사보다도 애플리케이션이 더 정확하고, 이를 바탕으로 어떤 치료약이 어느 환자에게 효과가 있는지 판단하는 것을 도와준다. PathAI의 애플리케이션은 세포의 머신비전을 이용하여 해당 세포가 정상 세포인지, 이상이 있는 경우라면 세포 내의 병 유형과 상태를 진단하고 향후 어떻게 진행될지를 예측한다([자료 8-2] 참고). 또한 기존의 거대한 제약사가 제공하는 자료를 기반으로 어떤 치료약을 투여했을 때 해당 환자가 치료 효과를 경험할 수 있는지, 환자의 신체가 치료약에 반응하지 않는 경우 어떤 치료와 약이 가능한지 상관관계 분석을 통해 예측한다. 이 과정에서 제약사의 치료약 투여 데이터와 환자에게 나타난 투약 효과를 세포의 마이크로 이미지와 연계하여 알고리듬을 훈련을 시키게 된다. 이 과정은 매우 잘 정의된 입력 데이터와 이와 매칭시킬 수 있는 결과 데이터를 갖춘 전형적인 머신러닝 지도학습에 해당한다.

신약에 대한 개발·판매 승인을 받기 위한 절차는 첫째, 약품개발로 목표 유전자 발견, 후보 물질 개발, 생물학적·제약적 타깃 집단, 전임상을 통한 약효 검증, 사전 승인이다. 둘째는 임상으로 임상시험 허가 신청, 20~80명의 건강한 사람을 대상으로 임상1상 시험, 100~200명의 환자를 대상으로 임상2상 시험, 대규모 환자

자료 8-2

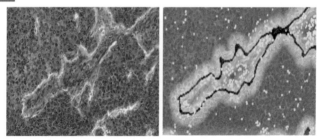

※붉은 색으로 암이 진행되는 상피세포를 PathAI 소프트웨어로 처리한 사진(좌)과 암 치료제가 작동하여 생기는 면역세포를 노란 점으로 표시한 사진(우).

출처: Elie Dolgin, 〈The AI Medical Revolution Starts Here〉, IEEE Spectrum, 2018.12.

교양으로서의 인공지능

를 대상으로 장기 투여하는 임상3상 시험으로 이루어진다. 마지막 단계인 임상3상은 성공 확률이 40퍼센트에 불과하고 수천억 원 이상이 소요되어 성공 – 실패binary outcome가 여기에서 판가름 나므로 제약회사들은 제3 임상시험의 성공 확률likelihood of success에 따라 임상2상에서 임상3상으로 넘어갈 것인지를 판단한다. PathAI는 제약회사가 수조 원을 들여 구축했지만 써먹지 못하고 묵혀둔 임상3상 영상 데이터도 활용했다.

시험 중인 신약의 치료 효과를 가장 크게 볼 수 있는 환자군biomarkers을 구분하여 식별하는 기계학습은 엄청난 가치를 가진다. 임상3상에서 성공하면 수조 원의 수입이 생기고 개발 비용을 회수할 수 있지만 실패하면 모든 것이 제로가 된다. 이처럼 '성공 vs 실패'의 이항적인 분류binary classification가 큰 비용이나 편익과 연계되었을 때 거래 데이터들을 활용한 인공지능은 중요한 의미를 가진다.

기존 제약회사에서 구축해놓은 영상 데이터나 치료 효과 데이터의 경우, 관찰 대상자에 관한 일부 데이터나 속성이 빠져 있는 경우가 많다missing data. 투약 효과나 병세 진행에 관한 빠져 있는 데이터를 데이터 전처리과정에서 탈락시키기보다는 인공지능 시뮬레이션을 통해서 이 갭gap을 메우는 것이 가능하다. 여러 가지 알고리듬 중 최상의 방식은 랜덤 포레스트다. 이 뿐만 아니라 다양한 종류의 관계 데이터를 학습시켜 예측과 분류 작업을 하게 된다. 다만 어떤 상관관계에서 어떤 데이터의 중요도나 영향력이 높다는 것은 그러한 분류에 속할 가능성이 높다는 것이지 반드시 인과관계가 성립되는 것은 아니다. 예를 들면, 유방암 발병률이 높은 사람들이 상대적으로 라면 등 인스턴트식품을 자주 구매한다고 해서 그것이 유방암의 직접적인 원인이라고 말하기는 곤란하다.

소비자 선호의 역동성을 탐지한다

거래 데이터를 기반으로 인공지능을 활용하는 것은 그 주요 타깃이 역동적인 소비자 선호를 파악하고 마케팅이나 애로 해소 등 적절한 대응을 하는 것이다. 소비자 선호에 관련된 인공지능 모델은 비슷한 프로필을 갖고 있는 소비자군을 대상으로 공통적인 사항보다는 개인별 특성을 장기간에 걸쳐 취합해서 행동을 예측하는 것이 정확도가 높다. 장기적으로 선호의 변화를 탐지하고, 이용자의 재방문return visit 확률을 예측하며, 이에 맞는 대안 제시나 추천하는 신경망 모델을 만들고, 이에 부합되는 데이터베이스는 고객의 잠재적 특성을 담으면서 확장성과 최신성을 유지해야 한다.

신한카드는 소비자 선호의 역동성을 반영한 인공지능 서비스를 추진 중이다. 단순히 카드 부정사용 탐지라는 소극적인 목표에 그치지 않고, 신한금융그룹의 다양한 거래 데이터들을 취합하여 인공지능을 통해 개별 고객별로 맞춤형 서비스 조언을 하는 '초개인화 전략'을 전개하고 있다. 신한은행, 신한생명, 신한금융투자 등 계열사의 고객정보 뿐만 아니라 가맹점, 마케팅 제휴사, 승하차·위치·날씨 등 공공 데이터를 활용하여 고객의 소비 성향과 요일·시간대·소재지 등을 감안한 맞춤형 마케팅을 한다([자료 8-3] 참고).

자료 8-3 **신한카드 초개인화 비즈니스 플랫폼**

출처: 신한카드, 《초개인화 스토리》, 2019.11.4.

자료 8-4 **고객별 TPO 소비지도**

2,200만 고객별 TPO 소비지도 | 고객 상황에 맞는 마케팅

고객 상황에 맞는 마케팅
1. 명동지역 핫플레이스 추천
2. 커피 선호 취향에 따른 추천
3. 여의도 거주지역 마케팅
4. 여의도 IFC 지역 마케팅
5. 오토금융 마케팅, MyCar 대출 안내
6. 자녀 학원 연계 마케팅 (정기 결제)
7. 가족 외식 추천 마케팅
8. 주유 이용 마케팅 (주유소 방문 시 당사 미이용 때)
9. 할인점 연계 마케팅
10. 날씨 연계 나들이 마케팅 (폭염, 미세먼지 고려)

출처: 신한카드, 《초개인화 스토리》, 2019.11.4.

[자료 8-4]는 여의도에 거주하는 고객의 행동 패턴을 분석하여 맞춤형 서비스 추천을 하는 사례를 예시한 것이다.

이런 초개인화individual specific prediction된 쇼핑 및 구매 지원 서비스는 메시지나 광고, 추천 등에서 대상이 정확히 타깃팅되어 있고 그 결정에 대한 설명력이 높다. 개인 역동적인 특성이나 패턴을 감안한 인공지능 기반의 서비스는 맞춤형 가격 책정과 서비스 디자인을 가능케 하여 적극적인 고객 이탈방지 관리proactive churn management로 연결된다.

사회와 자연재해 위험을 조기 경보한다

서브프라임 모기지subprime mortagage 사태로 유발된 2008년 금융위기와 같은 사안들도 미국의 톱10 투자은행들의 금융 스트레스 패턴을 기계학습으로 분석했다면 미국 경제가 어떤 방향으로 움직이고 있었는지, 금융 시장의 붕괴가 진행되고 있는지를 발생 1년 전 미리 파악할 수 있었을 것이다. 이런 경우 무엇이 금융 시장의 붕괴를 가져오는지 정확하게 원인을 설명하기는 어렵지만, 조기 경보를 받는다면 사전에 위험을 회피하는 조치를 할 수 있는 시간을 벌게 된다.

캐나다의 벤처회사 블루닷BlueDot은 2019년 12월 31일 중국 신문에서 새로운 종류의 폐렴이 발생했다는 것을 발견하고, 심각한 감염병이 될 가능성을 WHO보다 9일이나 먼저 예측을 했다. 블루닷의 CEO인 캄란 칸Kamran Kahn은 2003년 사스SARS를 겪고 나서 정부에 의존하지 않고, 팬데믹이 발발한 후에 대응하느라 허둥대지 않고 감염병을 제때 사전 예측할 수 있게 하는 것을 목표로 했다. 이를 위해 정부 보건 관료의 언급, 수억 개의 익명 처리된 국제 항공권 발권 데이터, 가축 질병 보고서, 인구 자료 등을 인터넷 등에서 매15분마다 수집하여 NLP 등 인공지능을 통해 처리했다.[21]

블루닷은 팬데믹의 징후를 탐지하면 자체 보유한 의사·수의사·보건 전문가들에게 최종적인 판단을 하도록 했다. 또한 예약된 비행기 착발 일정, 실제 탑승 여부, 익명화된 400만 명의 휴대전화의 위치를 파악하여 처음 코로나19가 확산될 도시 12곳을 거명한 것 가운데 10개를 맞추는 등 어느 지역에 코로나19가 얼마나 퍼질 것

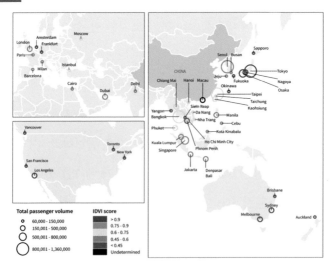

자료 8-5

출처: Bogoch, Watts, Thomas-Bachli, Huber, Kraemer, Kamran Khan,
〈Potential for global spread of a novel coronavirus from China〉, Journal of Travel Medicine, 2020.1.27.

인지도 예측했다([자료 8-5] 참고). 블루닷은 2016년에도 지카 바이러스가 플로리다에 유행할 것을 6개월 전에 예측하기도 했다.

의료 관련 논문이나 자료가 회람되는 데 많은 시간이 걸리는 문제를 극복하고 민첩하게agile 알람 신호를 보내는 것이 주요 동기였다. 블루닷의 글로벌 경고 시스템은 4가지 구성 요소로 이루어져 있다. 첫째, 어떤 감염병이 발생하는지 그리고 감염원이 자연적인 것인지 동물에게서 사람이 옮은 것인지 감시surveillance하기, 확산dispersion 경로 이해하기, 감염병의 유형과 지역에 따른 영향도impact 측정하기, 사람들에게 정보 전달하기communication로 구성되어 있으며 각 구성 요소별로 빅데이터와 인공지능을 활용한다.

인공지능 모델을 활용하여 팬데믹을 예측하는 것의 장점 중 하나는 많은 사람이 현안인 코로나19에만 매몰되어 있을 때 다른 것을 객관적이고 차분하게 바라볼 수 있다는 것이다.[22]

이와 같은 조기 문제 탐지와 조기 경보 시스템은 감염병뿐만 아니라 태풍이나 지진과 같은 날씨 예보나 자연 재해 예측에 있어서도 적용이 가능하다. 오늘날 기상학자들은 인공위성이 찍은 기후에 관한 다양하고도 해상도 높은 이미지 데이터를 충분히 가지고 있다. 그뿐만 아니라 수많은 데이터를 처리할 수 있는 슈퍼컴퓨터

와 기존의 거대한 데이터베이스를 활용한 예측이 가능한 상황이
다. 따라서 인공지능 모델을 개발하기에 매우 용이하다.

제 9 장

AI

인공지능에게
데이터란?

Artificial Intelligence

빅데이터와의
상관관계

인공지능에 사용되는 빅데이터는 volume, variety, velocity라는 특성을 가진다. 학습 데이터^{training data}와 검증 데이터^{test data}로 분리하여 충분한 양의 데이터를 갖추어야만 제대로된 인공지능 모델을 구축할 수 있다. 빅데이터와 인공지능의 상관관계는 빅데이터 입장에서 바라보면 데이터를 가치 있게 만들어주는 프로세스가 인공지능이고, 인공지능 입장에서 바라보면 빅데이터가 훈련/학습^{training} 재료인 것이다.

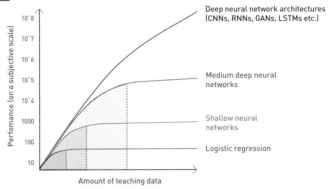

출처: Risto Siilasmaa, 〈What is machine learning〉, 2017.11.11.

[자료 9-1]에서는 인공지능의 알고리듬과 학습/훈련에 필요한 데이터양의 상관관계를 보여준다. 가로축에는 학습 데이터의 양이 표시되어 있다. 가장 아래의 로지스틱 회귀의 경우 데이터의 양이 늘어난다고 해도 모델의 단순성으로 인해 수직축의 산출물의 성과는 일정 시점 이후에는 거의 높아지지 않는다. 즉 실제 산출 데이터와 예측치 간의 오차가 축소되지 않는다. 이 경우 알고리듬을 훈련하는 데 필요한 컴퓨팅 파워도 매우 제한적이다. 로지스틱 회귀보다 위에 위치한 신경망의 경우 더 많은 데이터와 컴퓨팅 파워가 필요하고 예측이나 분류의 정확도 또한 높아진다. 가장 상위에 위

치한 딥러닝 알고리듬의 경우 아키텍처가 정교해진다.

딥러닝 아키텍처는 컴퓨팅 파워의 제한이 없다면 양질의 풍부한 데이터를 많이 사용할수록 인공지능 모델 산출물의 정확도가 높아진다(오차가 줄어든다). 그러나 반드시 모델이 더 스마트해지는 것은 아니라서 너무 많은 데이터를 사용하여 학습하더라도 모델의 예측치는 크게 개선되지 않는다.[23]

데이터의 다양성과 생성 속도 면에서 살펴보면 데이터 또한 엑셀표상의 숫자, 이미지, 동영상, 텍스트, 사회관계 데이터(서로의 친소 관계를 간접적으로 알려주는 SNS 메시지를 주고받은 횟수나 메시지의 길이 등) 등으로 매우 다양하다. 페이스북이나 구글 검색에서 생성되는 데이터나 기계 장치에 부착된 센서로부터 생성되는 데이터, 자율주행차의 실시간 운행기록 등은 매우 빠른 속도로 만들어진다.

가치 창출 메커니즘

자동차 엔진오일을 6개월마다 혹은 5,000킬로미터의 주행을 할 때마다 새로 교체하라는 매뉴얼은 차량 운행 상황을 고려하여 적절한 타이밍에 오일을 교체하는 것에 비교할 때 사실상 데이터로부터 생기는 부가가치가 없는 것이나 마찬가지다. 운전자마다 주행 습관이 다르고 차량의 상태가 다르므로 여러 가지 데이터를 기반으로 상황에 맞게 엔진오일을 교체해주는 것이 바람직하다. 이처럼 다양하고 풍부한 데이터가 인공지능 모델을 통해 가치가 창출되려면 데이터의 내부구조와 작동에 대한 통찰insight이 필요하고 데이터 사이언티스트data scientist들이 데이터 마이닝, 데이터 분석을 통해 이 작업을 수행해야 한다.

이러한 작업은 '데이터 엔지니어data engineer의 데이터 관리와 준비 → 데이터 마이닝, 데이터 분석, 인공지능을 담당하는 데이터 사이언티스트들의 데이터에 관한 인사이트 도출 → 제품과 서비스 개발자, 인사 및 내부관리자, 마케팅 담당자의 의사결정' 순서로 진행된다. 데이터 엔지니어들이 요리 재료인 데이터를 준비하고 관리하며, 데이터 사이언티스트들이 전문성과 경험, 전문가들이 모여서 취합한 로직logic을 기반으로 소프트웨어로 처리하는 전문가 시스템, 통계기반 분석 시스템이나 기계학습을 통해 분석하여 데이터를 요리한 결과를 제출한다. 이후 결과를 보고 어떤 선택을 할 것인지 결정하면 가치가 만들어진다.

빅데이터는 사람들의 잘못된 인식을 바로 잡아주거나 제3의 진짜 원인을 찾아내는 데도 유용하다. 제록스는 빅데이터 분석을 통해서 자사 콜 센터 직원 고용에 관한 통찰을 시행했다. 제록스는 채용 시 콜 센터 취업희망자들의 이력 사항을 살펴보고 성격 테스트, 인터뷰를 진행한 뒤 약 6천 달러의 비용을 들여 신입사원 교육을 시켰지만 6개월 내에 이직하는 비율이 50퍼센트 수준에 이르렀다. 이를 개선하기 위해 Evolve라는 빅데이터 전문 회사에 의뢰하여 제록스 콜 센터에 오래 근무한 직원들의 특성을 분석했다. 그들은 직장과 집의 거리가 가깝고, 확실한 교통수단이 있고, SNS를 하지만 가입한 것이 네 개가 넘지 않고, 너무 궁금해 하거나 격한 공감을 하지 않는다는 특징을 밝혀냈다. 이 기준에 따른 알고리듬으로 입사 지원서를 판단하여 고용한 결과 이직률을 20퍼센트로 낮추는 성과를 거두었다.[24]

GE Aviation은 전 세계에 3만 3,000개의 비행기 엔진을 공급 중이며, 2017년 기준 27억 불의 매출과 60퍼센트 이상의 항공기 엔진 시장 점유율을 자랑하고 있다. 각 엔진에는 50 내지 100개의 센서가 장착되어 있고, 매번 비행할 때마다 센서 데이터를 수집하여 엔진 속에서 무슨 일이 벌어지는지 그 안을 바라본다.

비행편대 정밀주시Fleet monitor팀에게 센서 데이터를 보내면 전문가

자료 9-2 GE Aviation의 스파크 애플리케이션

Experience Porting Analytics into PySpark ML Pipelines

About	Functional Elements Example
• GE Aviation's custom ML library, based on Probabilistic Graphical Models • Developed to tackle some of the key challenges of real world data • Used extensively in ML applications for GE commercial engines. • Being recorded in C++ and Python and intergrated with Spark	• Fleet Segmentation • Multivariate Models and Anomaly Detection • Diagnostic Reasoning

출처: https://youtu.be/lZmYSMWN31U

들이 경고 사인들을 취합·분석하여 운항 기록Customer Notification reports

을 고객사인 항공사에 전송하는 시스템으로 많은 시간과 비용이

소요되는 과정이었다. GE는 모든 항공기 엔진의 이상 징후와 실제

결과 데이터를 입력하여 기계학습을 시킴으로써 경고 통지 시간을

단축하고, 정밀주시팀의 전문가들이 고객사인 항공사들과 원활한

소통을 나누는 것은 물론 예방적 정비를 하는 방향으로 부가가치

를 증대시켰다. 1990년에는 한 번 비행 시 1Kb의 데이터와 30개의

파라미터 정도였으나 2018년에는 200Kb, 1,000개의 파라미터 정

보가 활용되면서 센서 데이터가 급증하고 있다.

빅데이터를 통찰하여 개봉 예정인 영화의 관객 수요를 예측하는

것도 가치 창출의 사례다. CJ CGV는 2013년 출범한 리서치센터

를 통해 영화 개봉 2~3개월 이전부터 관객 인지도와 관람 의향을 조사한 데이터를 자체 개발한 예상 관객 수 산출 프로그램에 입력 시킨다. CGV는 감독과 출연진·주제, 성수기와 비수기 개봉 여부, 경쟁 작품 상황, 티켓 예매 상황, 사전 관객 조사, 시사회 직후 반응과 같은 6가지 지표를 통해 예상 관객 수를 산출한다.

2016년 최대 흥행작인 〈부산행(1156만 명)〉과 〈터널(712만 명)〉 〈인천상륙작전(704만 명)〉 〈덕혜옹주(559만 명)〉는 예상 관객 수와 실제 관객 수가 대부분 일치했다. 개봉 시기의 결정과 마케팅 전략에도 영화 소비자의 반응과 관련된 빅데이터 자료가 활용되고 있다.[25] 기존에는 전문가들이나 영화업계 종사자들이 감이나 경험으로 예측했다면 빅데이터를 이용한 관객 예측은 객관성과 정확성이 담보되는 것이다. 잘못된 예측을 할 경우에도 그 이유를 파악할 수 있다.

빅데이터를 기반으로 인공지능을 통해 분석하면 인간의 생각과 행동의 차이에서 발생하는 위험을 관리할 수 있다. 온라인 데이팅 사이트인 '오케이 큐피드OkCupid'는 2004년부터 개시된 온라인 데이팅 앱이다. 가입 시 이성으로서 좋아하는 남성/여성 여부, 동성으로서 좋아하는 남성/여성, 개인의 프로파일을 올리고 좋아하는 타입, 성적 취향, 신앙, 15개 정도의 성격 유형 등 상당히 많은 수의

질문에 대해 자신의 선호와 상대방으로 선호하는 타입을 올리게
되어 있다. 질문의 중요도에 대한 평점은 무관함irrelevant은 0점, 약
간 중요a little important는 1점, 어느 정도 중요somewhat important는 10점, 매
우 중요very important는 50점, 필수mandatory는 250점이다. 나이별, 성별,
소재지와 거리, 인종·체형 등 선호도에 맞춰 필터링을 하고 적합
한 데이트 상대를 매칭시킨다.

[자료 9-3]은 오케이 큐피드에 가입할 때 답변한 여성들이 데이
트 상대로 허용이 가능한 남성의 최대 나이와 최소 나이를 나타낸
다. [자료 9-4]의 히트맵에서는 이러한 답변과는 상당히 다르게 실

자료 9-3 여성들이 데이트 상대로 허용이 가능하다고 대답한 남성의 나이

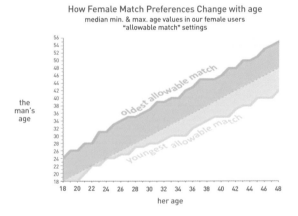

출차: 오케이 큐피트 블로그, (The Case For An Older Woman: How dating preferences change with age), 2010.2.16

교양으로서의 인공지능

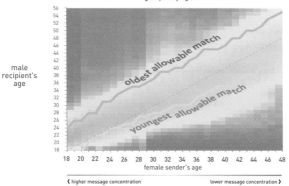

Where Women Are Sending Their Messages
distribution of female to male first contacts
grouped by age

male recipient's age

female sender's age

⟨ higher message concentration   lower message concentration ⟩

출처: 오케이 큐피트 블로그, (The Case For An Older Woman: How dating preferences change with age), 2010.2.16

제로 데이트 상대에게 메시지를 보낸 결과(녹색 부분이 메시지가 집중적으로 보낸 부분)를 보여주고 있다. 29세 이하 여성의 경우 상대적으로 자신보다 나이가 많은 데이트 후보군에 메시지를 보낸 히트맵을 보이지만, 30세 이상의 여성의 경우 자신보다 나이 어린 데이트 상대를 선호한다. 이러한 데이터는 인간이 질문에 답변하는 것과 행동이 다르게 나타나는 것을 보여주는데 이럴 경우에는 물어보는 것보다는 행동하는 것, 즉 데이터를 관찰하는 것이 예측에 있어 더욱 정확하다.

삼성전자에서 출시된 아기용품 세탁기가 어른들과 분리된 아기

옷만을 소량 세탁하므로 상당한 인기가 있었다. 이를 1인 가구에 팔면 어떠한지 포커스 그룹에게 인터뷰 조사를 하니 우호적인 답변이 나왔다. 하지만 소셜미디어상의 데이터를 크롤링해서 분석한 결과, 혼자 사는 사람들은 빨랫감을 모아두었다가 한 달에 한두 번 정도 세탁을 하므로 대용량 세탁기를 선호한다는 사실이 파악됐다. 이와 같이 빅데이터 분석을 통해 설문조사나 인터뷰, 직감 등을 통한 부정확한 비즈니스 의사결정의 오류를 방지할 수 있다.

학습에 사용되는 데이터

데이터를 생성할 때 가장 우선적으로 고려해야 할 요소는 레이블을 붙이는 문제Labelling다. 이런 레이블링 작업의 일환으로 인간이 데이터에 태그를 붙이는 경우가 많다. 이미지 데이터의 경우 그 속성을 반영하여 '차' 또는 '소나무' 등으로 레이블링 할 수 있다. 음성파일의 경우 반복적으로 사용되는 단어를 사용하여 태그를 붙이기도 한다. 전자상거래의 경우라면 고객의 이름이나 제품명 등으로 레이블링을 할 수도 있다. 어떤 경우에는 이러한 레이블이 붙지 않은 데이터가 기계학습을 위한 훈련데이터로 사용될 수도 있다.

두 번째 요소는 모델을 정확히 학습시키는 데 필요한 데이터의 양이다. 최근 데이터베이스 솔루션 등의 약진으로 인해 훈련용으로 많은 데이터를 확보할 수 있게 되었다.

세 번째 요소는 학습에 사용하는 데이터의 유형이다. 그 첫 번째 유형으로는 사물이나 세상의 물리적인 속성을 반영하는 이미지나 영상 데이터, 위치 정보 데이터, 온도 등의 센서 데이터sensor data이다. 두 번째 유형은 언어 데이터로 텍스트로 쓰인 것이나 소리가 나는 언어 데이터이다. 웹이나 사건의 기록, 교과서의 글, 음성 녹음 파일 등이 그러한 예이다. 세 번째 유형으로는 양 당사자 간의 거래 데이터이다. 온라인 전자상거래에서 소비자의 구매 기록, 공급자의 배달 기록, 은행 예금거래 기록 등을 그 예로 볼 수 있다.

데이터의 유형과 응용분야, 그리고 실제 적용되고 있는 애플리케이션을 묶어서 본다면 다음과 같은 케이스들이 있다. 센서 데이터를 이용한 안면인식의 경우 구글의 스트리트 뷰street view, 애플의 Face ID를 통한 휴대전화 잠금장치 해제, 센스타임Sense Time의 안면인식 출입통제 프로그램 등이 해당된다. 또 다른 센서 데이터의 활용은 엔비디아 등의 자율주행차 도로 구분선과 앞차와의 간격 인식 등 일반적 사물 인식이나 IBM의 Watson처럼 자기공명 영상에 나타난 이상 징후 식별 등의 일반적 사물인식이 있다. 언어 데이터를 이용한 것으로는 통신업체나 검색업체, 휴대폰업체가 주로 사용하는 음성인식 스마트 비서가 있다. 아마존의 알렉사, 애플의 시리, KT의 지니 등이 이에 해당된다. 거래 데이터를 활용한 구매나 이용 추천 애플리케이션으로는 아마존의 특정 도서를 구매한 경우 다른 사람들이 그 도서와 동시에 많이 구입한 책의 목록을 추천하거나, 넷플릭스의 고객 성향 분석을 바탕으로 추가적인 영화 추천, 유튜브의 동영상 추천 등을 사례로 들 수 있다.

확장성, 역동성, 설명력을 갖춘 데이터 관리

기계학습을 수행하는 데 있어서 가장 중요한 요소는 적정량의 양질의 데이터를 확보하는 문제다. 무조건 데이터의 양이 많다고 좋은 것은 아니며 필요에 따라 데이터 클리닝과 선별 작업이 이루어져야 한다. 이미지 데이터의 식별 과정에서 픽셀 내에서의 이미지 변형이나 변동으로 인한 방해 요소noise가 발생하는 경우 이미지 분류를 학습하는 데 오류가 발생한다. 또한 모든 입력 데이터가 모델의 예측과 일치하는 경우 오히려 데이터와 모델의 과적합overfitting이 일어나는 것을 경계해야 한다. 비록 모델상에서는 일치하더라도 모든 실제 데이터 포인트와 예측 모델의 결과값이 100퍼센트 부합하는 경우는 드물다.

삼성전자에서 조사한 데이터의 낭비 요소를 살펴보면 다음과 같다. 잘못된 데이터, 활용이 어려운 단순 저장된 데이터, 필요 시점이나 장소에 맞게 적시에 데이터가 제공되지 않는 것, 해석을 개인에게 맡겨놓아 의미 있는 정보로 전환되지 않는 데이터, 데이터의 시스템 간 미연계로 활용도가 떨어지는 것, 서버 속도를 저하시키는 소멸되지 않고 계속 잔존하는 데이터, 개발 및 유지비용이 증가하고 의사 결정에 연계가 안 되는 단순 조회용 데이터, 협력 업체나 고객사와 교류되지 않는 나 홀로stand-alone 데이터 등의 문제가 상존한다. 데이터를 제대로 쓰려면 사전 가공이 필요한데 체계적인 데이터 품질 관리와 표준화를 해야 한다. 모델링부터 메타 데이터 및 데이터 품질 관리, 영향도 분석, 데이터 흐름 관리, 데이터 마이그레이션, 성능 최적화, 운영 관리, 데이터 가상화, 데이터 포털, 컴플라이언스 대응까지 종합적인 검토가 이루어져야 한다.

신경망으로 분석하는 거래 데이터는 대상자나 기관의 동적인 프로필과 선호에 관한 데이터, 거주 지역·사용기기 등 일정 시간 동안 변하지 않는 데이터를 동시에 감안하여 한 묶음으로 엮어 학습시키고 최적화하는 것이 필요하다. 딥러닝 모델은 비선형·다차원 데이터들도 복수 신경망을 통과시켜 가중치를 추정하고, Word2Vec과 같은 벡터 임베딩 등으로 저차원 데이터로 전환시키면서 왜 이런 행동을 하는지 효율적으로 이유나 특성을 잘 추출하여 예측 정확도를 높인다는 장점이 있다. 때문에 내부 데이터뿐만 아니라 다양한 외부 데이터와 외생 변수들에 대한 고려가 필요하다.

이때 고객과 고객이 소비하는 콘텐츠를 묶어서 군집화joint clustering하는 것이 중요하고, 이 과정에서 신경망 모델은 여러 가지 방법으로 차원을 축소하여 예측력을 제고하게 된다. 고객의 잠재된 선호latent preference가 시간이 지남에 따라 변화하는 것을 역동적dynamic으로 반영하고, 데이터베이스를 새로운 현상에 맞도록 확장scalable하거나 갱신하며, 고객에게 추천이나 정보를 제공할 때 충분히 납득할 만한 설명력을 갖출 수 있도록 데이터가 관리되고, 이를 활용할 인공지능 모델이 선정되어야 한다. 이러한 점은 대부분의 전자상거래, 온라인 게임이나 디지털 뉴스 등 콘텐츠의 소비와 관련된 조직들이 놓치지 말아야 할 점이다. 특히 수만, 수십만 명의 고객들의 선호 유지, 탈퇴, 재가입 등은 통상적인 계산이나 인간의 판단만으로 수행하기에는 엄청난 양의 계산이나 처리 속도 등의 문제를 발생시킬 수 있으므로 경영에 관한 의사결정이나 대응에 있어 인공지능 모델의 사용은 필수 불가결하다.

데이터를 확보할 때 고려해야 할 사항

▮ 데이터의 입수 가능성

인공지능 모델을 사용하여 얻고자 하는 최종 결과물이 어떤 것인지, 또 최종 결과물을 얻는 데 허용되는 에러치의 범위가 어느 정도까지 용납되고 치명적인 것인지의 여부(예: 개·고양이의 분류 vs. 자율주행차), 회귀·분류·군집화·강화학습 등 각각의 학습 모델별로 여러 가지 알고리듬을 이용할 수 있으므로 이에 부합하는 데이터를 입수할 수 있고 어떤 데이터를 포함시키고 배제하느냐가 문제다.

▮ 데이터의 양과 질과 소요 비용

인공지능 모델을 학습시키는 데 데이터가 너무 적으면 에러가 크게 발생하여 비용함수의 최적화가 곤란해진다. 한편, 데이터의 사이즈가 너무 큰 경우에는 샘플링 등을 통해 핵심 데이터셋을 추출하거나 딥러닝의 은닉계층의 숫자를 적절히 줄이지 않으면 엄청난 컴퓨팅 파워가 소요된다. 데이터를 최대한 많이 모으는 것이 바람직하지만 이에 소요되는 비용이나 시간이 문제가 된다. 또한 과다한 양의 데이터를 확보하는 경우에는 데이터 정제cleaning에 많은 노력이 필요하기 때문에 비용 대비 적정 데이터의 양과 질을 결정할 때 데이터 사이언티스트들을 활용하는 것도 고려해야 한다.

③ 데이터의 사적 비밀과 개인정보 보호의 문제

의료 데이터나 행정 데이터의 경우 개인의 신상이나 상태에 관한 정보 또는 개별 기업의 영업 비밀 등이 포함되어 있다. 또한 개인이 사용한 거래나 위치 정보에 대한 분석이나 이용에 대한 규제도 한층 강화되고 있다. 한국의 경우에도 2020년 초 데이터 3법이 통과되어 개인정보 이용에 대한 제한이 다소 완화되었지만 여전히 제한적인 경우를 제외하고 부당 이용하는 경우에는 형사 처벌도 가해진다. 개인정보나 사적 재산권과 비교적 무관하게 인공지능 모델과 솔루션을 개발할 수 있는 분야는 제조업 분야인데, 한국의 경우 발달된 IT 인프라와 거의 전 분야에서 제조업을 유지하고 있으므로 최적의 인공지능을 활용할 수 있는 분야라 할 수 있다.

4 데이터의 휘발성

안면·음성인식과 같은 인공지능 모델을 위해서는 과거의 데이터를 큰 변화 없이 계속 사용할 수 있다. 하지만 고속도로 통행량이나 교통사고, 화재 등을 예측하는 인공지능 모델을 학습하는 경우에는 매우 빠른 주기로 데이터를 재조정re-calibrate하고 업그레이드해야 한다. 예를 들어, 휴대전화 위치정보나 와이파이를 어디에서 접속했는지를 집합적으로 조사aggregate level data gathering하여 공장이나 백화점, 마트 등에 더 많은 고객이 방문하는지, 얼마나 머무르는지, 어디에서 와서 어디로 이동하는지를 바탕으로 영업 활동의 성과나 경쟁의 강도를 예측하고 제조업이나 소매업에서 어떤 현상이 발생하는지를 추정하는 기계학습을 할 수 있다. 이러한 산출물은 유통 기업, 사모펀드, 언론사 등이 필요로 하는 정보다. 이 기계학습의 경우 데이터 소스가 다양하고 일정하지 않으며, 영업에 미치는 변수들이 다양하므로 데이터를 입수함에 있어서 끊임없는 재조절을 통해 안정적인 산출물을 제공하는 것이 필요하다.

5 데이터의 보안

많은 경우에 사람들은 데이터를 아마존 웹서비스, 마이크로소프트 Azure, 구글 클라우드나 KT 비즈메카, 네이버 클라우드 등의 상용 클라우드에 보관한다. 물론 이런 상업적인 클라우드에서는 각 회사의 클라우드 시스템 내의 개별 클라우드private cloud로 구획하고 방화벽, 라우팅 테이블 등을 통해 2중·3중으로 보안 서비스를 제공하지만 여러 군데 상업용 클라우드를 동시에 이용하거나 아주 핵심적인 정보의 경우에는 자체 스토리지나 DB로 이용하는 하이브리드 클라우드 경우에는 데이터 보안 문제가 생길 수 있다.

제10장

AI

인공지능으로
경영하라

Artificial Intelligence

인공지능을 활용한
제품 개발과 조직 운영

인공지능을 활용하는 범주에는 제품이나 서비스에 내장하는 경우
와 조직의 운영 과정을 개선하는 경우 두 가지가 있다. 자율주행
차, 알파고, 알렉사와 같은 음성인식 스피커 등 제품에 인공지능을
활용하는 것은 주로 엔지니어링과 관련된 문제이고, 매출을 증대
시키는 좀 더 나은 제품 개발에 대한 도전인 것이다. 눈에 보이지
않는 제품인 서비스를 제공하는 데 인공지능을 활용하는 문제는
조직의 절차에 대한 변화와 서비스 자체의 부가가치를 제고하는
두 가지 이슈가 겹쳐 동시에 발생한다. 고객이 기꺼이 지갑을 열도

록 하는 서비스 자체의 부가가치가 높아지느냐, 서비스 제공 과정의 비용이 절감되고 효율성이 제고되느냐의 두 가지 문제를 동시에 복합적으로 고려해야 한다.

한편, 경영 과정의 개선에 인공지능을 내재화하는 것은 효율성을 높이고, 비용을 절감하고, 새로운 사업 기회를 얻기 위한 것이다. 비용 편익분석 차원에서 많은 비용이 소요되는데 이를 상쇄하고도 남을 부가가치나 혜택benefit을 얻는 것이 중요하다. 주의할 점은 이러한 비용의 절감 효과가 인공지능에 대한 투자의 결과인지 운영절차 등의 표준화나 효율화로 인한 것인지를 구분해야 한다는 것이다.

구글의 경우 검색, 지메일, 유튜브등 다양한 서비스를 제공하는 서버나 스토리지를 갖춘 데이터 센터 내의 기기들은 엄청난 열을 방출하고 이를 냉각하기 위해 다량의 전기를 소모한다. 펌프나 냉방탑 등 냉방 장치는 이것이 설치된 환경과 비정형적non-linear인 방식으로 상호 작용하지만 날씨 변화 등에 신속하게 대응하지 못한다. 또한 각각의 데이터 센터들의 구조와 환경이 달라서 모든 데이터 센터에 적용할 수 있는 단일한 방법의 효율적인 냉방 시스템을 구현하기 어렵다. 구글은 2년 동안 다양한 시도를 하면서 인공지능의 추천에 따라 데이터 센터의 실내 온도 변화를 자동화하여 전기

사용량을 40퍼센트 이상 줄이고, 비용을 15퍼센트나 절감하여 진정한 부가가치를 창출할 수 있었다. 데이터 센터 내의 펌프와 냉방 설비, 컴퓨팅 파워, 처리한 데이터의 양, 실외 온도, 이에 따른 컴퓨터 프로세서의 작동 등 센서 데이터를 학습하여 인간의 개입 없이 최적의 데이터 센터 냉방 온도를 유지하는 모델을 발견한 것이다. 이 과정에서 통계 전문가들도 최적의 온도를 찾는 가설로 딥러닝 알고리듬을 테스트했지만 인공지능은 이들이 상상하지 못한 데이터들을 활용하기도 했다.[26]

미국의 거대 슈퍼마켓 체인인 '크로거Kroger'는 2017년에 'Restock Kroger'라는 3년간 90억 불에 해당하는 전자상거래와 고객 경험 재구성 계획을 발표하고, 데이터 분석 자회사인 84.51°(크로거 본사가 위치한 위도를 회사명으로 사용)에게 장기간에 걸친 동일한 6천만 명의 고객 구매 데이터를 활용하여 온라인 고객 맞춤형 서비스와 제조업자의 온라인 구매자에게 맞는 제품을 공급하는 정밀 마케팅을 구축하고 있다. 자율주행차를 이용한 구매 물품의 배달, 영국 온라인 슈퍼마켓인 오카도Ocado가 사용하는 것과 유사한 로봇과 인공지능을 이용한 물류창고 관리, 고객의 구매 수요 예측과 최적의 상품 조합 추천 및 관련 레시피 제공, 고객이 오프라인 매장을 방문하여 매대를 지나갈 때마다 고객 개인의 취향에 맞는 최적의 상품을 추

IMPACTING DECISIONS ACROSS THE BUSINESS

Customer	Assortment	Store formats	Cross selling
Strategy	& cultural relevance	& site location	services

price optimization	Relevant	Meaningful	Better rewards
Win bigger baskets	communication	promotions	Integrated loyalty program design

출처: Scott Crawford, ⟨Journey to Automated Machine Learning at Kroger/84.51° Retail Tech 2019 in London.

천하는 시스템이 포함되어 있다([자료 10-1]참고).

또한 인공지능은 광물을 채굴할 장소의 탐지, 채굴 작업의 안전성 강화, 환경 친화적인 채굴 등 전체 가치사슬에서 광업회사의 작업을 크게 변화시키고 차별성을 만들어내고 있다.[27]

GS리테일은 빅데이터와 인공지능을 활용하여 일하는 방식을 지속적으로 개선하고 있다. 현장과 지원 부서를 완전히 온라인으로 협업하도록 하는 클로버 프로세스를 신설하여 고객 관점에서 서비스 프로토타입을 만들어낼 뿐만 아니라, 오프라인 교육이나 작업에서는 600여 명의 중간 관리자들의 역량이 온라인 비대면 처리로 백일하에 드러나 투명한 평가가 이루어지고, 중간 관리자가 얼마

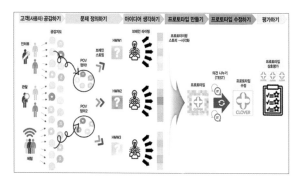

고객데이터를 활용한 점포 경쟁력 강화

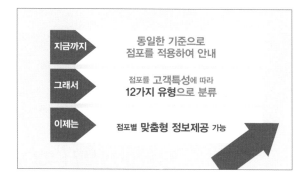

출처: 김남혁, 〈GS리테일의 DX(Digital Transformation)〉, 서비스혁신 심포지움, 2020.7.2.

나 변화를 받아들이고 적응하는지와 그 효용성 제고에 대해 숙고
하고 있다. 또한 과거 모든 점포를 표준화하려 했으나 오히려 내점
고객의 선호를 반영하여 12가지의 점포 유형을 분류한 뒤 상품 진

열 등을 효율화하고 있다.

영국, 미국, 일본, 싱가포르의 보건의료 정책에서는 인공지능과 로봇이 어떻게 활용되는지 소개하고 있다.[28] 인공지능을 활용해 시력의 퇴행성을 진단하여 공공 서비스의 품질을 제고한다. 그러나 공공 서비스에 인공지능을 적용할 때는 개인정보 보호에 유의해야 하며, 인공지능을 공공 서비스에 접목했을 때 어떤 방법으로 이루어지는지와 인간과의 상호관계를 고려해야 한다. 예를 들면 사회 복지 서비스와 보건의료 서비스는 필연적으로 인간 대 인간의 접촉이 필수 불가결하여 무조건 인공지능을 적용한다고 해서 비용 절감과 효과적인 서비스가 이루어지지는 않는다. 최적의 대안은 윤리적인 문제와 사회적인 후과를 조심스럽게 감안해야 한다.

어떻게 실제 업무개선에 적용할 수 있을까?

2020년 기준의 시점에서 인공지능이 전통적으로 행해온 통계적인 분석보다는 훨씬 효과적이라는 것이 입증되었으므로 경영자나 조직의 관리자 입장에서는 "이것이 인공지능인가?"라는 질문보다는

"인공지능을 접목하고 활용하는 것이 부가가치가 있는가?"에 더 높은 관심을 가져야 하고, 인공지능에 대한 투자 대비 ROI가 있는지 따져보는 것이 중요하다.

인공지능 콜 센터 애플리케이션의 경우에 고객의 50퍼센트 정도가 인공지능과 통화를 한다는 사실을 인지하지 못한 채 이루어지며, 365일 동안 24시간 내내 고객의 콜을 5초 이내에 90퍼센트 정도의 정확도로 해당 부서에 전달한다. 이렇듯 인공지능이 검색 시간을 대폭 줄이고 정확한 의사결정을 하게 됨으로써 운영 효율이 높아지고, 인간의 업무 처리를 대폭 교체하여 보다 생산성이 높은 업무에 집중하도록 만들고 있다. 이외에도 은행의 대출 업무나 신용카드의 부정사용 탐지 등에 상당히 널리 이용되기 시작했다.[29]

하지만 아주 뛰어난 인공지능이라 하더라도 알파고와 같이 매우 특정한 문제를 학습하고 해결하는 것에는 능통하지만, 여러 제약 조건 하에 움직이는 조직의 효율성을 높이는 것에 있어서는 상당한 한계를 보이고 있다. 인공지능은 신비의 마법약이 아니고 이러한 한계를 가지고 있으므로 어떻게 업무에 적용하여 효율을 확보하느냐가 중요하며, 다음과 같이 단계적인 점검이 필요하다.

첫째, 어떤 사용례use case가 적정한지를 선택하고 과녁을 정확히 하는 것이다. 컴퓨터에게 어떤 인공지능 솔루션이나 활용 방안이 적정한지 선택하게 할 수 없다. 때문에 관리자가 컴퓨터로 하여금 양질의 데이터를 기반으로 조직의 운영이나 서비스 제공에서 기계가 하기 적당한 업무가 무엇이고, 어떤 업무가 인간이 학습하고 수행하는 것보다 효과적인지를 명확히 기술해야 한다. 즉, 얻고자 하는 결과물이 무엇인지 아주 구체적으로 기술하고, 어떤 형태로 출력되어야 하는지를 분명히 설정해야 한다. 또한 타깃으로 설정한 활용례 또는 프로젝트를 초래하는 원인을 인공지능 솔루션이 밝혀낼 수 있는 것인지를 고민하고, 이러한 인공지능 솔루션을 조직 내에 적용하고 집행하는 것이 용이한지를 고려해야 한다. 즉, 인공지능의 기술적 구현과 집행이 가능하고 투자한 비용을 초과하는 혜택이 있는 애플리케이션을 선택해야 하는 것이다. 잘 정의된 사용례는 인공지능 프로젝트의 부실하고 어정쩡한 집행이나 잘못된 인공지능에 대한 열정이 식는 것을 방지한다. 최초로 인공지능을 활용할 때는 조직이 안고 있는 작고 친숙한 사용례를 선택하는 것이 성공 확률과 인공지능에 대한 긍정적인 반응을 유도해 안착시킬 수 있다. 이상적으로는 6개월 내지 12개월 정도에 적용할 수 있는 속성효과quick win 인공지능 모델이 바람직하다(Starts with something small, something concrete and Build on it).

교양으로서의 인공지능

둘째, 데이터 요구 사항과 소스에 접근하기 위해 데이터 분석 전문가와 IT·소프트웨어 전문가를 확보하는 것이다. 데이터 사이언스에 필요한 핵심 역량은 엄청난 양의 데이터를 가용하고 유익하게 만드는 것과 관련되어 있으며 수집, 정제, 목적에 맞게 재구성, 레이블링, 데이터 해석, 데이터 상호 간의 관계 분석과 적정한 인공지능 알고리듬의 개발을 포괄한다.[30] 인공지능 애플리케이션을 적용하는 데 있어서 알고리듬이나 모델의 경우에는 참고할 만한 상용 애플리케이션이 많이 있을 수 있다. 또한 외부에서 널리 활용되는 인공지능 솔루션 패키지를 도입하고 조직이나 비즈니스의 목적에 맞는 특정한 애플리케이션을 추가하는 것이 안전하다.

하지만 알고리듬이 학습하고 통찰력을 줄 데이터들을 수집하고 처리하는 것은 전문적인 역량을 필요로 한다. 수많은 데이터를 처리하고 현실감이 있게 가공할 데이터 분석 전문가, 알고리듬을 만들고 가르쳐서 데이터를 학습하게 하는 수학자나 통계 전문가, 인공지능 애플리케이션을 조직의 IT시스템 내에 접목하고 유지 보수를 하는 IT전문가 등이 필요하다. 인공지능 도입 초기에는 이러한 전문가들을 제한적으로 활용하되 15명 정도의 소규모 팀을 만들어 진행하고 시간이 지날수록 점차 늘려가는 것이 바람직하다.

셋째, 흩어져 있고 산재한 많은 양의 데이터를 수집하고 아키텍처를 수립하는 구조화 작업이다. 많은 조직이 보유한 데이터들은 인공지능의 알고리듬을 훈련시키기에는 부정확하거나, 왜곡되었거나, 불충분하거나, 별로 유용하지 않거나, 그냥 쌓아 두기만 해서 정리가 필요하거나, 필요한 전체 데이터의 일부분이거나, 비체계적으로 구성되어 있어 전면적인 편집이 필요한 경우가 많다. 따라서 기존에 보유한 데이터를 훨씬 더 유용한 것으로 만들어야 한다. 고객, 제품, 서비스, 조직 내부의 운영, 공급자, 협력 파트너, 관련 당사자들에 대한 데이터가 기계학습의 훈련데이터 범위 내에 포괄될 수 있다. 데이터들을 지향하는 애플리케이션에 맞게 그리고 추후에 다방면에 사용할 수 있도록 좀 더 효용성이 있게 알고리듬이 학습하기 쉽도록 데이터 구조화architecture 작업이 이루어져야 한다.

이러한 작업들은 IT전문가들이 설계를 하더라도 조직의 구성원들은 이 작업이 어떻게 진행되고, 어떤 프레임을 가지고 있는지 이해하고 인공지능 애플리케이션의 추가적인 기능 개선에 기여하는 것이 바람직하다.

기계학습이 조직의 운영이나 절차를 획기적으로 변화시키는 게임 체인저game changer라는 가정은 너무 과중한 부담으로 다가와 끝까

교양으로서의 인공지능

지 수행될 가능성이 낮다. 이런 점을 감안하여 초기 단계에서는 인공지능 애플리케이션을 도메인 전문가나 직원들이 익숙한 소규모의 비즈니스나 업무에 점진적으로 적용하는 것이 적절하고, 어느 정도 익숙해지면 차츰 개선해나가고 규모를 늘려가며 모멘텀을 유지하는 것이 좋다.

전체 구성원들이 사용될 데이터들을 어느 정도 이해하고 있고 이를 인공지능을 바탕으로 활용하면 어떤 점이 나아지는지 확신할 수 있는 것이 중요하지 처음부터 조직이나 제품의 큰 문제를 해결하여 판세를 바꾸는 인공지능 애플리케이션을 시도하는 것은 실패할 확률이 높다.

구글의 경우에도 딥러닝 도입 초기에는 그 유용성에 대한 의구심이 널리 퍼져 있었다. 하지만 구글 브레인Google Brain 팀은 핵심 업무인 검색이나 광고가 아닌 정확한 음성인식에 주력하여 딥러닝 수용에 대한 저항감을 낮춘 뒤 구글 맵 관련 인공지능 솔루션을 개발하여 데이터의 품질을 제고함으로써 구글이 세계 제1의 인공지능 회사로 비약할 수 있는 날개를 달아주었다.[31]

한 가지 유의할 점은 인공지능 알고리듬을 학습시키기 위해 반드시 빅데이터가 존재해야 하는 것은 아니라는 점이다. 웹상에서 많은 데이터를 긁어 오는crawling 것도 가능하고, 어떤 경우에는 100

개~1만 개의 데이터 포인트로도 알고리듬을 훈련시키고 테스트할 수 있다. 데이터가 많으면 데이터 분석가들이 인공지능의 학습에 적합하게 가공할 것이라고 생각하여 이것에 한정하여 적합한 것들을 뽑을 필요는 없다.

넷째, 일의 맥락과 해결하고자 하는 문제들을 이해하는 관련 분야의 지식domain knowledge에 정통한 전문가들의 적극적인 참여와 변화의 관리다. 필요 최소한도의 인공지능 전문가가 확보되고 데이터에 관한 필수 요구사항이 정의된 후에는 이 애플리케이션이 비즈니스 가치를 창출하는지 정밀히 파악해야 하는데, 그 연결 고리가 바로 도메인 전문가다. 인공지능 프로그램이 준비되더라도 조직의 구성원이나 구조에 맞아야 한다. 인공지능 애플리케이션이 데이터를 처리하고 결과물을 산출하는 것만으로는 충분한 부가가치를 만들어낼 수 없다. 관련 분야에 정통한 구성원들이 인공지능 애플리케이션이 가져올 변화에 어떻게 적응하면 좋을지에 대해 고민하고, 애플리케이션을 발전시켜나가는 데 도움이 되는 역할을 해야 한다.

인공지능이 가져오는 조직의 행태·구조·절차의 변화가 순조롭게 이전되어야 하지만 실제 인공지능 애플리케이션이 도입된 후

제대로 작동되지 않는 경우가 빈발한다. 이런 경우 누가 책임을 지고 어떤 부분을 해결해야 하는지에 대한 혼선이 발생한다. 따라서 기업과 조직의 시스템, 절차, 역할에 대한 재설계와 조율이 필요하다. 이러한 문제를 방지하기 위해 판매 담당자나 현업 부서 구성원들에 대한 재교육을 실시하고 훈련을 통해 변화의 관리를 해주어야 한다.

다섯째, 기계학습을 제품이나 서비스에 적용하기 전에 주의해야 할 점은 비즈니스의 규칙business rule을 명확히 이해하고 대외적으로 표명하는 것과 기업이나 조직의 아키텍처를 개선하는 것이 선행되어야 한다는 것이다.

즉, 인공지능을 통해 제품의 특정 부분의 동작을 조금씩 개선하여 자동화automation하거나 신규 서비스가 기존의 비즈니스 규칙에 얼마나 부합하는지를 따져봐야 한다. 예를 들면, 어떤 서비스를 정액제로 할 것인지 종량제로 할 것인지, 어떤 경우에 요금을 할인하고 우대를 할 것인지, 특정 상황에서 병가를 줄 것인지 주지 않을 것인지, 은행에서 대출을 해준 경우 차입자가 제때 정기적으로 대출금을 상환하도록 하기 위해 어떤 조건 하에서 자동적으로 대출을 연장해줄지 아니면 대출 연장을 취소할지 등에 영향을 미치는 차입자의 재무 상황, 과거 불량 상환 경험, 정부 규제 준수 조건과 은행법 적용 기준 등이 비즈니스 규칙이라고 할 수 있다.

인공지능 애플리케이션은 여러 수행 단계를 단축하는 기능을 하여 비즈니스 규칙에 변화를 가져올 수밖에 없다. 예를 들면, 연금 보험 상품 자동추천 기능을 갖춘 인공지능 솔루션이 도입된 경우, 인적 네트워킹을 기반으로 신규 고객에게 접근하여 보험 상품을 가입시키던 방식에 익숙한 기존 보험관리사들은 어떻게 판매를 추진해야 할지 몰라 우왕좌왕할 수도 있다. 새로운 절차의 개선이 기존 구성원을 도울 수도 있지만 이로 인한 그늘도 분명 존재한다. 이런 점이 부족해서 발생하는 전형적인 경우가 조직의 기획이나 IT담당 부서에서 인공지능에 대한 투자를 하여 솔루션을 도입하거나 제품 내에 내재화^{embedding}을 시켰지만, 실행이나 마케팅 조직에서는 이것이 기존의 제품이나 서비스와 달리 어떤 강점을 가지고 어떤 비즈니스 규칙에 영향을 주거나 새로운 규칙을 만드는지 이해하지 못하여 투자한 인공지능 애플리케이션을 폐기하는 경우다. 그리고 이러한 사례가 생각보다 자주 발생한다.

인공지능 애플리케이션의 진정한 성과는 오히려 관련 분야 전문가들이 그동안 인지하지 못했던 실질적인 문제를 발견하고 해결하는 데 뜻밖에도 인공지능이 유용하다는 것을 알게 되는 경우다.

비즈니스 규칙에 부합하는지의 여부, 변경과 밀접히 관련된 사안이 기업의 아키텍처를 손볼 것인지에 관한 것이다. 기존의 아키텍처를 그대로 두는 경우 흔히 인공지능 애플리케이션을 집행하는 과정에서 걸림돌이 되기 쉽다. 인공지능 알고리듬을 훈련시키고, 개발하고, 프로세스를 자동화하고, 추가적인 부가가치를 끌어내기 위해서는 기존의 업무 운영에 관한 단순화와 표준화 작업이 이루어져야 한다. 또한 구성원의 일자리에 대한 변화와 재정의가 필요하고, 보유 기능 향상이나 기능 전환 교육이 이루어져야 하며, 필요시 완전히 새로운 역할을 주어야 한다.

마지막으로, 인공지능 모델의 타당성을 지속적으로 검증^{ongoing} validation하고 재훈련을 시켜서 성능을 개선하는 것이다. 인공지능 알고리듬은 코로나19와 같은 감염병 확산 추세 예측 등과 같은 현실을 시간이 흐르면서 반영하지 못할 수 있다. 데이터나 컴퓨터 전문가들이 이 문제를 해결하기는 곤란하다. 비즈니스나 해당 분야 도메인 전문가들이 책임감을 가지고 알고리듬이 환경에 부합되도록, 지속적으로 부가가치를 창출할 수 있도록 하는 역할을 하게 된다. 고객의 심리나 반응에 대한 이해, 제품이나 서비스 특성에 대한 이해를 바탕으로 데이터를 수집하고 분석하여 가설을 만들고 이를 검증한다.

인공지능 애플리케이션을 일단 사용하게 되면 알고리듬을 계속 개선해나가야 한다. 이를 위해서는 지속적으로 데이터를 수집하고, 최신화update하며, 자체 보유 데이터 중 사용하지 않았던 데이터 세트나 공공 데이터 등 유관 데이터를 추가로 활용하는 방향으로 나가야 한다. 이런 도전은 상존하므로 도메인 전문가들이 감각을 갖추고 어떤 데이터가 좀 더 유의미한지 등을 판단하여 데이터의 보완 개선을 주도해야 한다.

데이터의 최신화뿐만 아니라 IT시스템과 처리 능력이 지속적으로 업그레이드되고 뒷받침이 되어야 한다. 인공지능 애플리케이션에서 지속적으로 에러가 발생하는 경우나 현실을 반영하는 데 실패한다면 새로운 인공지능 비즈니스 및 업무개선 솔루션들이 도입되어야 한다. 지속적으로 인공지능 모델을 개선하기 위해서는 도메인 전문가, IT전문가, 데이터 전문가들의 협업이 이루어져야 하며 전문가들이 각자의 영역에서 독자적으로 일을 추진을 하는 것이 아니라 전문가들 전체에 걸쳐서 작업이 이루어져야 한다. 이러한 상호작용이 용어에 대한 공통적인 이해를 촉진하고, 구체적으로 모델을 그려볼 수 있게 하며, 고객이나 구성원들이 애플리케이션을 순조롭게 활용할 수 있게 만든다.

제11장

AI

인공지능과
인간이
만드는 미래

Artificial Intelligence

설명력이 더해진
인공지능의 등장

인공지능의 취약점 중 하나는 예측에 이르는 과정을 설명하거나

인과 관계를 밝히기에는 부족하다는 것이다. 알파고와 같은 강화

학습 인공지능도 이세돌과 바둑을 두어 승리했지만, 이세돌이 둔

특정한 수에 대한 예상 전개 방향과 알파고의 대응 전략에 대한

설명력이 부족하다. 1970~1980년대의 규칙기반 전문가 시스템

의 경우에는 프로그래머들이 "If… , then…" 문장을 사용했기 때문

에 - 비록 모든 케이스를 포괄하거나 오답을 내는 경우가 발생하더

라도 - 시스템이 결정을 하면 어떤 시나리오를 통해 그 결론에 도

달했는지를 알 수 있었다. 인공지능은 예측이나 분류가 정확하다고 하더라도 그 결정이 내려지는 과정을 알 수 없어서 블랙박스처럼 보인다. 신용카드 부정사용 방지 프로그램이 합법적이고 정당한 이용자의 정상적인 구매에 따른 결재를 승인하지 않는 경우, 왜 인공지능이 승인을 거부했는지 우리는 알 수가 없다.

인공지능이 내린 신용카드 사용 불승인 결정을 인간의 입장에서 해석할 수 있는 것은 그 원인이 무엇이고, 이러한 불승인 결정에서 벗어나려면 어떤 조치를 취해야 하는지 아는 것도 중요하다. 하지만 수많은 거래 데이터에 기반한 인공지능의 경우에는 법적인 문제도 수반한다. 예를 들어 신용카드의 사용 승인을 받지 못해 외국의 호텔에서 숙박비를 결재하지 못한 바람에 비행기를 놓쳤다든지, 의료 AI가 유방암이 아니라고 진단하여 치료를 중단했는데 암이 폐로 전이가 되었다든지, AI 법률지원 서비스를 활용하여 소송을 진행했는데 아주 중요한 법령이나 판례가 빠져서 패소하는 경우 등에는 상당한 법적 책임 소재의 문제가 발생한다.

인공지능의 설명력과 해석가능성을 제고하기 위해서는 인공지능 모델을 개발할 때 제한적이나마 어느 부분에서는 해석이 가능하도록 특정 참조 기준^{reference criteria}를 만들어내도록 조건을 부과해야 한다. 특히 이러한 인공지능의 결정에 관한 해명 요구 사항을

법에 반영하는 문제도 신중히 추진해야 한다. 이러한 조건을 부과 받아 참조 기준을 제시했지만, 인간인 상대방이 수용할 수 없거나 실질적으로 모순이 되는 참조 기준들을 개선하도록 해야 한다. 예를 들면 이러한 것들이다. 은행의 인공지능 솔루션이 특정 고객의 아파트 청약 대출을 거부하면서 2년 이상 경과한 대출의 우선 상환을 요구하거나, 은행 계좌의 평균 잔고를 일정 금액 이상 유지할 것을 요구하고, 기존 대출 상환금의 분할 납부 기한을 절대 준수하라고 하는 경우 마지막 참조 기준은 사실상 현실을 무시한 무리한 요구인 것이다.

알고리듬의 편향성

알고리듬의 편향성은 인간의 편향성에서 비롯된다. 여성이나 특정 소수집단에 대해 차별하거나 편견을 가진 자에 의해 개발된 알고리듬으로 인해 여성이나 소수자의 경우 구글과 같은 검색엔진에서 직업과 관련된 광고를 제공하거나 데이터를 걸러주는filtering 경우에 상당히 불리한 정보를 얻게 되는 경우가 많다. 입력 데이터에 성별이나 인종적 소수자에 대한 정보가 포함되어 있지 않더라도 알고리듬은 주소나 이름 등의 정보를 바탕으로 불리한 광고 정보를 제공한다. 특히 인공지능이나 기계학습은 결정에 이르는 과정을 알 수 없는 경우가 대부분이어서 일반 대중이 검증하기도 곤란하다. 인공지능의 학습 데이터 쏠림 현상으로 인해 인공지능이 그려내는 미인에는 백인만 있다든지, 범죄자들의 몽타주를 그려내는 데 있어 흑인들의 특성을 주로 반영한다든지 하는 문제가 자주 발생한다.

알고리듬에 있어서 편견이 생기는 이유는 첫째로, 인공지능이 학습한 문헌이나 자료들이 주로 백인 남성 위주로 구성되어 이를 학습한 인공지능도 '백인 남성을 가정'함으로써 입력된 문제해결을 위한 데이터를 왜곡하거나 입력 데이터에 맞지 않은 예측과 결과치를 만들어내는 것이다.

둘째로, 또 하나의 편견이 발생하는 소스는 소비자들 역시 부지불식간에 광범위하게 퍼져 있는 선입관을 가지고 반응한다는 것이다. 예를 들면, 이름만으로 '이정민(실제는 여성)'을 남자로 인식하거나 '이지수(실제는 남성)'라는 사람을 여자로 인식하는 등이다. 링크드인과 같은 구직 사이트에서 과학기술이나 수학 관련된 구직자를 모집하는 광고를 게재하면 여성이 남성보다 클릭하는 횟수가 훨씬 적게 나타나는데, 이런 결과들을 인공지능이 학습하게 되어 알고리듬의 편향성이 더욱 높아지게 된다.

셋째로, 어떤 편견이 개입되지 않아도 경제적인 현상으로 말미암아 인공지능이 가장 효율성이 높은 집단을 주요 타깃으로 삼기 때문에 의도하지 않은 알고리듬 편향이 나타난다는 것이다. 대부분의 가전제품 판매와 관련된 인공지능은 가정의 경제권을 주도적으로 행사하는 여성에 관련된 특성들을 입력 데이터로 삼아 학습을 하게 되고, 신상품을 마케팅할 때도 여성들이 좋아하는 기능에 초점을 맞춰야 최대한 비용 효율적인 모델이 된다.

알고리듬 편향 문제는 설명 가능한 인공지능 이슈와 사회 제도적인 규제로 인해 해결의 걸림돌이 되고 있다. 인공지능 블라인드 면접의 모델이 고학력 남성이 갖춘 경력에 대해 우호적으로 평점을 주는 방식으로 최종 후보자를 추천하더라도, 인공지능 모델이 학습한 데이터나 결정 과정이 블랙박스이므로 블라인드 면접의 부당성을 알 수 없다. 예컨대 링크드인 엔지니어 구인 광고에 따르는 문제를 해결하려면 여성 구인 광고와 남성 구인 광고를 분리하고 여성에 대한 대우를 우대해야 하지만 남녀고용평등 관련 법률은 이러한 분리 모집을 금지하고 있다.

그러나 한편으론 인공지능 블라인드 면접이 불평등을 완화할 수 있는 기회를 제공하는 긍정적인 역할을 할 수도 있다. 면접관이 주로 남자로 구성되어 있는 경우에 여성 구직 지원자에게 불리한 영향을 끼칠 수도 있지만 인공지능 면접관은 이러한 선입견이 없고, 면접 당일 후반부에 들어온 입사 지원자들의 경우 면접관이 피곤하고 처리할 일이 밀려 짜증이 나는 것으로 인해 불리해지는 상황 등도 피할 수 있다.

개인정보를 침해하거나 무단으로 도용한다면?

유럽연합의 '일반개인정보보호규정General Data Protection Regulation/GDPR'은 개인의 요청이 있는 경우 개인에 관한 어떤 정보를 수집했는지 알려주고reveal, 개인정보 삭제 요청이 있는 경우 다른 의무조항의 준수에 필요한 것이 아니면 이를 삭제하며, 고객의 데이터에 대해 어떤 처리를 했는지 설명해야 한다. 이 규정에 따르면 구글이나 아마존 등이 고객에게 '알고리듬이 어떻게 산출물을 작성했는지' 설명해야 하지만 이는 분명하지 않다. 의사결정트리 알고리듬은 결과를 도출하는 과정을 설명하기가 비교적 용이하지만 KNN, 로지스틱 회귀, 수만 개의 파라미터를 가진 딥러닝의 경우 결과 도출 과정을 설명하는 것이 곤란하다. 심지어 GAN의 경우에는 가짜 증거 fake evidence나 가짜 뉴스도 만들 수 있어서 대중이 이를 확인하고 검증하는 것은 불가능에 가깝다.

인공지능 데이터에 대해 누구에게 접근 권한을 주고, 어떻게 이용되는지를 통제하는 것이 우선 정해져야 한다. 디지털 시대에 데이터의 복제는 비용도 거의 들지 않고 거의 동시에 전송이 가능하다. 인공지능은 그 유례를 찾을 수 없을 만큼 개인의 사적 정보와 이용에 관한 데이터를 수집하고 분석한다. 구글, 페이스북, 아마존은 온라인상에서 어떤 정보를 몇 번이나 얼마동안 클릭했는지, 해당 콘텐츠나 물건을 구매했는지, 어디로 이동하고 어느 장소를 방문하여 얼마나 오래 머물렀는지 등을 파악한다. 또한 댓글의 키워드를 분석하여 친소관계나 정치적인 성향도 파악할 수 있다. 사적 비밀이나 익명성이 보장될 것이라고 믿었던 정보들은 인공지능에 의해 낱낱이 파헤쳐진다.

넷플릭스는 이름을 삭제하고 무작위 번호를 붙이는 50만 명의 이용자와 1,000만 개의 영화 평점시스템(5점 만점 별점에서 2017년 '좋아요' 엄지 아이콘으로 교체함)을 개인의 실명이 기재된 공개된 자료인 인터넷 영화 데이터베이스Internet Movies Database의 랭킹과 시간표시 도장time stamp만을 가지고서 비교해도, IMDb에 이름이 올라간 넷플릭스 가입자의 경우 개인의 성명과 매칭시키는 것이 가능하여 익명성이 보장되지 않는다는 것을 보여주었다.[32] 익명의 가입자가 작성한 영화 〈기생충〉에 대한 평점을 알면 이 가입자가 외부로 노출을 원하지 않는 정치적 성향까지도 파악할 수 있다. 구글의 경우 인공지능을 이용하여 과거 온라인 쇼핑 데이터베이스를 바탕으로 역공학reverse engineering을 실시하여 현재 검색하고 있는 익명의 이용자 이름을 알 수도 있다.

또한 음성인식의 경우에도 화자가 대화한 내용을 구글이나 아마존의 클라우드에 저장해놓고 이를 바탕으로 가상 음성 비서virtual personal assistant 서비스를 제공하는데, 단말기와 개별 클라우드 내의 서버, 데이터베이스와의 통신 시 대외적으로 노출이 일어나 개인정보 보안 문제가 발생한다. 이런 위험을 낮추기 위해서는 이용자가 소지한 스마트폰 등 단말기의 연산처리 능력computing power을 높여야 한다. 안면인식의 경우는 곳곳에 설치된 CCTV나 페이스북·유튜브와 같은 SNS, 스마트폰 등을 통해 수집되거나 공유되고 있다.

최근 코로나19 확진자의 동선을 파악할 때도 휴대전화의 위치 추적이나 감염 발생 지점의 CCTV 데이터를 수집하여 분석하고 있다. 감염병 관리에 관한 법률이 이런 데이터의 수집에 대해 일

응 법적인 정당성을 부여하지만 정부에서 과도하게 개인정보를 수집·저장해두고 있어 목적 외에 사용하거나 잘못된 용도에 사용할 소지가 크다.

인공지능이 개인정보를 침해하거나 무단으로 사용하는 것에 대한 규제책이 있어야 한다. 또한 GAFA(구글, 애플, 페이스북, 아마존)와 같은 글로벌 IT 기업들이 개인의 정보를 전적으로 통제하는 메커니즘에서 블록체인 기반의 P2P 방식의 정보의 유통과 개인의 정보에 대한 통제권과 이용에 대한 정당한 대가를 받는 메커니즘으로 옮겨가야 한다. 페이스북에 자신의 사진과 이미지로 콘텐츠를 제작하여 유통시키고도 아무런 대가를 받지 못하고 오히려 이용자 개인의 이용 패턴을 바탕으로 한 광고로 인해 구매를 요구받고 있다.

인공지능이 인류의 종언을 가져올까?

1984년의 제임스 카메론 감독의 영화 〈터미네이터〉에서는 인공지능으로 무장하고 사람에 대한 희생정신이라는 사람의 마음까지 갖춘 로봇이 등장하여 모든 무기를 통제하고 핵전쟁으로 인류를 절반이나 절멸시킨 인공지능 컴퓨터 스카이 넷과 전투를 벌인다. 1999년 워쇼스키 형제가 감독한 영화 〈매트릭스〉에서는 인간의 열과 전기활동을 자신의 에너지로 사용하는 인공지능 컴퓨터 매트릭스가 인류를 지배하고 이와 맞서 싸우는 네오가 세계 종말을 막으려고 한다. 레이 커즈와일은 인공지능이 인간의 전체 지능 합계를 넘어서는 기술적 특이점* 이 2030년에 도래할 것이라고 주장한다. 이 초지능은 놀라운 속도로 자신의 지능을 기하급수적으로 증가시켜 재조직함으로써 스스로 시스템을 최적화한다.

* singularity: 인공지능의 발전이 가속화되어 모든 인류 지성을 합한 것을 뛰어넘어 초인공지능이 출현하는 시점.

인공지능이 최선이라는 유토피아적인 의견을 가진 사람들은 인공지능이 모든 인간의 문제를 해결하고 인간은 일하지 않아도 된다고 말한다. 한편 정반대의 입장인 사람들은 인공지능이 세상을 지배할 것이라고 두려워하며 30년 이내에 인공지능이 인류의 종언을 가져올 것이라고 주장한다.

인공지능과 인간은 상호 보완적으로 일할 수 있다. 인공지능은 인간이나 시스템에서 부여한 입력 데이터와 알고리듬을 기반으로 합리적인 사고를 하는 것이라는 점에서 인간의 통제를 받는 것이다. 협의의 인공지능 관점에서 보았을 때 인공지능이 인간 정도의 지능을 갖추는 것이 불가능하지 않지만, 이것은 고도로 지능화된 물리적인 시스템이라는 점에서 인간의 의식수준을 뛰어넘는 초인공지능super-intelligent AI이 나타나지는 않을 것이다.

현재로서는 인공지능을 데이터를 다루는 아주 성능 좋은 도구tool로 볼 수 있다. 인간의 지능과 인공지능의 지능이 각자의 장점을 결합combination of human and computers하여 더 스마트하고 현명해지는 단계다.

인간의 자연지능과 인공지능은 많은 부분에서 차이가 난다. 인간의 뉴런은 전자화학적 신호electro-chemical signals를 처리하지만 인공지능의 경우에는 전자적으로 신호처리가 이루어진다. 또 다른 차이점은 컴퓨터의 경우 중앙 연산처리 장치CPU가 신호나 데이터를 하나씩 순차적으로 처리하고 그 결과물을 메모리RAM에 임시로 저장하는 두 단계를 거치고, 필요시 데이터를 하드드라이브에 저장하거나 이곳에서 필요한 데이터를 끌어내어 사용한다. 반면, 인간의 뉴런은 동시적으로 신호처리를 하고 단기적으로 결과물을 같은 뉴런의 단기 기억에 담아둔다. 이로써 컴퓨터와 달리 2단계의 절차가 분리되어 일어나지 않고 처리 결과물도 임시로 같은 뉴런에 보관해둘 수 있다. 인간의 신경망과 인공 신경망의 본질적인 차이는 그 기능이 발현됨에 있어서 차이를 만드는 요인이다.

제이피 모건JPMorgan은 자연어처리를 기반으로 한 각종 법적 규제 사항에 맞는 '서류검색시스템'을 구축하여 36만 시간의 초급 변호사 사용 비용을 절감했다. 이로 인해 변호사들의 취업 기회가 줄어들 수도 있으나, 지루하고 답답한 작업을 효율적으로 이행하고 보다 분석적이고 부가가치 높은 작업을 할 수도 있다. 또한 기계학습을 통해 검색한 데이터들은 비록 목적에 완전히 부합되지는 않더라도 자료의 양이 훨씬 풍부하므로 인간인 변호사가 이를 바탕으로 좀 더 효과적으로 일할 수 있다. 인간이 실수를 하듯이 기계학습이 완벽한 것은 아니다. 각각의 장점이 있으므로 인간과 인공지능의 공동 작업 조합으로 그동안 인간인 변호사가 오랜 시간을 투입하여 완성해온 작업을 인공지능이 대체하게 된다.

　앞서 언급한 모라벡의 모순에서 보았듯, 인공지능은 현재 특정한 문제를 해결하는 데 쓰이고 인간보다는 전체적인 이해나 창의성 등에 있어서 많이 떨어져 있다. 인공지능의 경우 기하급수적으로 성장하는 막강한 컴퓨팅 파워(연산처리 능력)를 기반으로 하고 있으므로 수많은 데이터가 존재하더라도 이를 입력하여 훈련할 수 있고, 수많은 파라미터가 관계되어 있더라도 모델을 도출하는 데 크게 문제가 없다. 인간이 세세히 파악하기 힘든 세밀한 변화도 감지할 수 있고, 컴퓨터 네트워크를 바탕으로 인공지능과 데이터베이스를 연결함으로써 이전에 생각하거나 풀기 어려웠던 문제를 해결하는 데 큰 역할을 한다.

그러나 기계학습이 아무리 뛰어나다고 해도 인간이 해결해야 할 비즈니스의 문제를 제대로 물어보지 않는다면 엉뚱한 대답을 찾아낼 것이다. 기계학습은 데이터베이스에서 추출한 데이터를 학습하여 데이터에 맞는fitting 모델을 통해 그 패턴을 찾아낸다. 기계학습은 패턴을 찾아내고, 어떤 일이 진행되고 있는지를 파악하며, 시각적이거나 공간적인 자극을 환경으로부터 감지하는 것에 뛰어나다. 찾아낸 패턴을 바탕으로 어떤 행위를 할 것인가를 결정하는 데 도움을 준다. 설비의 오류 감지, 투약 효과의 병리적 분석, 온라인 쇼핑의 추가적인 구매 수요 파악, 금융 위기를 1년 전에 예측하는 등 다양한 의사 결정에 활용되고 있다.

인공지능은 인간으로부터 권한을 위임받거나 인간과 공동으로 한 개 그룹의 구성원으로 참여하여 투표에 참여할 수 있다. 또한 독자적인 한 건의 의견을 표명하는 방식으로 인간과 공동으로 협업을 하거나 의사결정을 할 수도 있다. AI 스타트업 크레스타Cresta는 콜 센터용 챗봇을 개발하여 콜 센터 직원들이 이를 옆에 두고 일반적이고 반복적인 질문에 대한 대답은 챗봇이 하게 하고, 인공지능이 학습한 자료의 범위를 벗어나는 롱테일long tail의 끝부분에 해당하는 상당히 예외적인 질문이나 복합적인 판단을 필요로 하는 질문에만 답변을 하게 했다. 그 결과 생산성이 50퍼센트 정도 높아졌다고 한다. 인공지능 챗봇이 기본적인 질문에 대한 답변을 쉽게 선택하는 데 도움을 주는 백그라운드 역할을 하고, 인간이 최종적인 결정을 내리도록 하여 인간의 상식이나 유연성을 보다 잘 활용할 수 있도록 만들었다.[33]

화성에 가는 것은 로봇이나 인공지능이 인간보다 나을지 몰라도 설거지를 하는 것은 인간이 로봇보다 훨씬 우월하다. 인공지능이나 로봇은 스마트한 도구tool라고 할 수 있다. 인류와 인공지능이 상호 보완적으로 각자의 전문성과 장점을 보완해나간다면 큰 진보를 이룰 수 있을 것이다.

인공지능과 인간의 상호 보완적인 역할을 하는 사례로 의료영상 기반 머신러닝과 인간의 집단지성을 이용한 질환 판단을 결합한 서비스Doctors with augmented AI를 제공하는 '켄타우르 랩Centaur Labs'을 꼽을 수 있다. 이 회사는 모바일 앱DiagnosUs을 만들어 의사, 의대생, 변호사, 운동선수 등 다양한 이용자들이 영상의학 자료를 학습하게 하고 이들로 하여금 의료영상 이미지 기반의 기계학습 자료를 리뷰하게 하여 데이터를 레이블링 하게 했다. 이 과정에서 많이 보급되어 있는 기존의 영상기반 질병 진단 기계학습의 데이터나 알고리

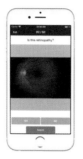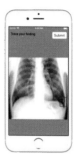

출처: Centaur Labs - MIT delta v Demo Day 2018 Kresge.

듬을 가져와 이용자들이 이 자료를 바탕으로 진단 의견을 내리도록 했다. 의학적 상식이나 관련 질병에 대한 지식이 부족한 고객들이 유방암 영상 사진, 뼈 근육 엑스레이, MRI 사진, 피부병변 사진 등을 지속적으로 반복 학습하며 숙달되게 했고, 기계학습의 예측 결과와 입력 데이터 영상을 검증하여 집단 지성적인 판단을 내리게 한 결과 한 명의 전공의보다 더 정확한 판단을 하는 것으로 드러났다.

예를 들어, 유방암 영상 사진 판독 시에 머신러닝은 석회화된 부분을 잘 골라내지만, 이용자들은 덩어리로 뭉쳐진 부분을 더 민감하게 골라내는 것으로 나타났다. 또한 수많은 의료영상 데이터들이 정확accurately labeled large medical dataset하지 않게 분류되어 있거나, 기존에 인체 내에 삽입되어 있던 스탠트, 인공관절, 철 보형물 등 인공 의료장치 등에 대해 고려하는 등의 머신러닝용 입력 데이터상의 문제점을 보정하여 영상 데이터를 재레이블링^{re-labeling} 하는 데 고객들의 의견이 핵심적인 역할을 한다는 것이다.

딥러닝에서 다층 신경망이 구성되듯이 켄타우르 랩의 서비스는 고객들의 의견으로 신경망을 형성하는 것과 같다. 고객별로 수천 장의 영상 자료를 학습하는 데 특정 고객이 잘 판독하는 부분이 다른 고객들이 보지 못하는 맹점^{blind spot}을 보완한다는 것이다. 이러한 의견을 통해 의료 이미지나 비디오 데이터가 재레이블링 되고, 이것을 머신러닝에 대입하여 비선형적으로 취합한다. 이 사례가 주는 또 다른 의미는 의료 데이터와 같이 개인정보와 관련 있는 데이터들을 체계적인 구조에 따라 정확한 데이터를 입력하고 레이블링하여 부가가치 높은 데이터로 가공하는 것은 초기 시작 단계에서 많은 비용이 소모되므로, 단기적인 비용의 증가보다는 장기적이고 잠재적인 데이터의 가치를 잘 고려해야 한다는 것이다.

통제 불가능한
디지털 독점

1990년대 인터넷 시대가 시작된 이후 전자상거래가 본격화된 21세기에 들어와서 GAFA 등 IT 테크 자이언트들이 글로벌 증시를 좌우하고 있고, 그들의 시가 총액은 상상을 초월하고 있다. 과거 석유, 철도, 통신 등의 독과점 기업들은 공급 능력을 기반으로 시장 지배력을 행사해 왔으나 현재의 테크 자이언트들은 수요 측면에서 수많은 고객층을 확보하고 네트워크 효과를 바탕으로 수확체증의 법칙을 구현해내고 있다.

제법 싹수가 보이는 스타트업은 거의 모두 테크 자이언트들에게 인수·합병이 되고 있고, 좋은 엔지니어와 비즈니스 모델, 데이터로 무장한 이들이 인공지능을 활용해 타 기업들의 영역으로 무한 침투하여 다른 업종의 괜찮은 기업들의 성과를 뛰어넘고 있다. 소수의 글로벌 테크 기업들에 쏠림 현상이 심해져 이들이 대부분의 혜택을 거두어가고 있다winner-take-all.

대부분의 중산층이 성장의 과실을 누리지 못하고 뒤에 남겨지고 있으며, 인공지능과 같은 놀라운 기술이 부를 창출하는 문제가 아니라 공유하는 문제가 사회적 이슈로 대두하고 있다. 전통적인 방식의 독과점 규제로는 이렇게 급속하게 진행되는 불평등 문제를 해결하기가 어렵다. 특히 디지털 독점Digital monopoly의 특징은 너무 진행 속도가 빠르고 정보 통제 능력이 높아서 규제 당국도 적시에 적절한 정보를 가지고 통제하기가 어려워진다.

인공지능, IoT, 로봇 등의 변혁적인 기술이 가져오는 필연적인 자원과 권력의 집중, 사회적 그늘을 보다 민주적으로 분권화하고, 다양하고 많은 기업과 조직이 제 역할을 하는 등 공동체로서 작동하도록 사회적인 구조나 거버넌스를 만들어야 한다. 이 과정에서 탈중앙화된 거래와 네트워킹 방식인 블록체인을 활성화시켜 제2의 인터넷 붐을 조성하고 거대 IT 기업들의 시장 및 경제 독과점을 줄이는 것도 적극적으로 논의되어야 한다.

고용은 줄고
직업이 사라진다?

가천대 길병원에서 2016년 인공지능 '왓슨Watson for Oncology'을 도입한 이후 성능이 진화하고 있다. 영상판독의 정확성이 의사보다 높을 뿐만 아니라, 기능 개선을 통해 한국의 보험급여 체계를 고려하고 개인의 유전자 분석을 바탕으로 암 치료 결정을 내릴 수 있도록 하고 있다. 골드만 삭스는 2016년 기업 실적과 주요 경제 수치 등을 분석하여 주식투자 방향을 조언하는 켄쇼Kensho를 도입했다. 예를 들어 "유럽의 일반 개인정보보호법이 도입되는데 기술주식의 가치는 어떻게 될까?"와 같은 질문에 인공지능이 재무적인 답변을 한다. 켄쇼는 전문 애널리스트 15명이 4주 동안 분석해야 할 일을 수 분만에 해결했다. 그 결과 골드만 삭스는 600명의 애널리스트 중 598명을 해고했다.[34]

제이피 모건은 변호사와 회계사가 년 약 36만 시간을 사용하던 상업적 대출 관련 계약 서류를 비지도학습 인공지능인 COINContract Intelligence으로 점검하는 서비스를 2017년에 출범시켜 서류의 텍스트나 장소 등의 패턴을 확인하여 신용대출 여부를 수초 만에 해결하고 정확도도 훨씬 높았다. 미래학자인 서스킨드 부자가 공저한 《4차 산업혁명 시대, 전문직의 미래The Future of the Professions》에서는 점점 더 유능해지는 인공지능이 의사, 회계사, 약사, 교사는 물론 변호사 등 전문 직업군의 업무를 단순히 효율화streamlining하는 것이 아니라고 말한다. 그보다 변혁하고 대체해서 생존의 이슈를 제기하지만 이러한 변화가 하룻밤 사이에 일어나는 혁명이라기보다는 점진적인 변혁일 것이라고 주장했다.[35]

직업 유형별 자동화 리스크, %

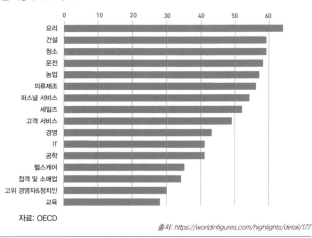

자료: OECD

증기기관을 발명한 이래로 산업과 직업의 역사는 단순하고 반복적이거나 큰 힘이 소요되는 것을 계속적으로 기계화하고 자동화해왔다. 인공지능과 로봇의 도래는 이러한 자동화를 더욱 가속화시키며, 이로 인한 개인의 경력과 직업 생활에서의 변화는 이전과 비교할 수 없을 정도로 매우 크다. 자율주행차의 도래로 운전기사나 택시기사라는 직업이 위협받고, RPA를 회계 처리에 사용하면서 단순한 계리 업무가 크게 줄어들고 있다. 자동차 사고 이미지 사진을 휴대전화로 보험회사에 전송하면 수초 내에 손상된 부분의 교

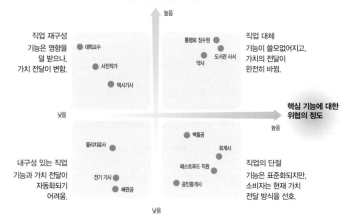

가치에 대한 위협의 정도

높음

직업 재구성
기능은 영향을
덜 받으나,
가치 전달이 변함.

● 대학교수

● 사진작가

● 택시기사

● 통행료 징수원

● 도서관 사서
약사

직업 대체
기능이 쓸모없어지고,
가치의 전달이
완전히 바뀜.

낮음

**핵심 기능에 대한
위협의 정도**

높음

물리치료사 ●

전기 기사 ●
● 배관공

● 벽돌공
회계사

패스트푸드 직원 ●
● 공인중개사

직업의 단절
기능은 표준화되지만,
소비자는 현재 가치
전달 방식을 선호.

내구성 있는 직업
기능과 가치 전달이
자동화되기
어려움.

낮음

출처: Scott Latham, Beth Humberd, 〈Four Way Jobs Will Respond to Automation〉,
MIT Sloan Management Review, 2018. 가을.

체나 수리 여부, 비용 등을 추정해냄으로써 손해사정인 직업이 사라질 지경이다. 이러한 직업의 단절은 수년 내에 대량 실업을 유발할 수 있다. 2018년 OECD 조사([자료 11-2] 참고)에 따르면, 옥스퍼드 대학교의 연구 결과 미국 직업의 47퍼센트가 상업적인 컴퓨터 애플리케이션으로 대체되어 사라질 위기라고 한다.

MIT 대학은 자동화에 의해 타격을 받는 직업의 네 가지 유형을 다음과 같이 분류했다. 통상적인 믿음과는 달리 블루칼라 노동자들이 처하는 위험은 그다지 높지 않은 것으로 나타났다([자료 11-3] 참고).

자동화에 따른 직업적 리스크와 지역별 인구당 GDP

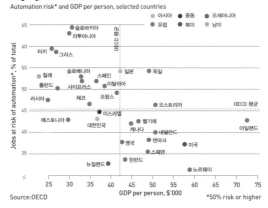

Wage against the machine
Automation risk* and GDP per person, selected countries

Source:OECD

GDP per person, $'000   *50% risk or higher

출처: https://worldinfigures.com/highlights/detail/177

[자료 11-4]를 살펴보면 한국은 자동화로 인해 직업이 위협받는 정도가 다른 나라에 비해 상대적으로 낮다. 하지만 한국의 젊은 세대들은 여러 방면에 걸치는 다양한 교육을 받아 가까운 미래에 진부화되거나 도태되는 위험을 회피해야만 한다. 직장인의 경우에도 인간의 수명이 100세 이상으로 늘어난 시대에 한 직장에서 평생 동안 같은 일을 할 수 있는 확률은 극히 낮다. 따라서 평생학습과 직장 내에서 새로운 업무와 기술을 익히고 적응하는 사내 교육이 필요하다. 또한 사라지는 직업이 있는 만큼이나 새로운 직업이 대두될 것이다.

부록

[참고 ①]
파이썬, 라이브러리, 인공지능 모델링

엔지니어가 아닌 일반 독자들은 인공지능의 내부구조는 모르더라도 개념만 알고 이를 활용하는 것이 가능하다. 마치 자동차의 엔진이나 내부 구조를 몰라도 운전을 잘할 수 있는 것과 같다. 하지만 그 안쪽은 블랙박스와 마찬가지이다. 인공지능 솔루션을 그저 호출해서만 사용하기 보다는 인공지능 프로그래밍 언어인 파이썬 등에 대한 기초적인 학습을 해보자. 보다 명확하게 인공지능 솔루션을 이용하거나 그 실효성을 평가하는 데 도움이 될 것이다.

알고리듬을 만드는 것은 어려우나 알고리듬을 이용하여 모델을 만드는 것은 비교적 용이하다. 알고리듬과 모델의 차이를 살펴보면 알고리듬은 분류기^{estimator}와 같이 수학적으로 코딩을 해놓은 것이다. 모델링은 어떤 레이블을 붙이고, 몇 개로 데이터를 분할하고 샘플 사이즈를 줄이는 행위와 같이 파라미터의 최적화를 통해 과적합 문제 등을 해결하여 알고리듬을 선택하고 보완하여 주어진 과제를 해결하는 것이다.

'파이썬'은 기계학습을 위해 많이 사용되는 프로그래밍용 언어다. 기존 자바나 C++에 비교하여 데이터 제어문의 표현이 매우 간결하게 이루어지지만 C++와 같은 객체 지향형 언어다. 'R'은 한국에서 많이 쓰이는 언어로 데이터 처리에 유용한 반면 파이썬에 비해 인공지능 프로그래밍용으로는 활용도가 떨어진다. 프로그래밍에서는 코드를 재사용하므로 이를 계속해서 만드는 것은 비효율적이기 때문에 자주 쓰는 코드(소스)를 미리 만들어놓고 그것을 가져다 쓰는데 이러한 것을 '라이브러리library'라고 한다. 파이썬에 자주 사용되는 라이브러리는 넘파이Numpy, 판다스Pandas, 텐서 플로우Tensor

차원	R	Python	Numpy / Pandas	Tensor flow
0차원	스칼라(scalar) : 숫자/NA/NULL/문자열/ 진리값/Factor	숫자형(number) 문자열(string)		0–D Tensor
1차원	벡터(vector) : 한 가지 변수 타입으로 구성	리스트(list) 튜플(tuple)	ndarray / Series	1–D Tensor
2차원	행렬(matrix) : 한 가지 변수 타입으로 구성		ndarray / x	2–D Tensor
2차원	데이터 프레임(Data Frame) : 다양한 변수 타입으로 구성		x / Data Frame	
다차원 (2차원 이상)	배열(array) : 2차원 이상의 행렬		ndarray / x	3–D Tensor / n–D Tensor
다차원	리스트(list) : 서로 다른 데이터 구조 포함	딕셔너리 (dictionary)		

flow 등이 있다. 넘파이는 수학적 연산(파이썬의 수학적인 처리를 확장, 행렬 등을 빨리 처리하는 것이 가능), 엑셀 데이터와 같이 가로축과 세로축에 레이블이 있고 셀마다 있는 데이터를 처리하는 데는 판다스, 딥러닝에는 텐서 플로우가 많이 사용된다.

프로그래밍을 할 때 어떤 알고리듬을 선택하느냐는 그 알고리듬의 핵심적 요건과 한계를 감안해야 한다. 서포트 벡터 머신은 신경망에 비해 데이터의 양과 파라미터가 적지만, 어느 정도 지도학습을 통해 상당한 결과를 도출할 수 있다. 반면 신경망의 경우에는 많은 데이터가 있으면 여러 차례의 튜닝을 통해 훨씬 더 강력한 결과를 얻을 수 있다. 신경망과 서포트 벡터 머신, 선형 회귀, 의사결정트리는 분류나 군집을 하는 것에 있어서 상호 장단점이 있고 트레이드오프trade off 관계에 있다고 볼 수 있다.

어떤 알고리듬을 선택하느냐는 기계학습의 안정성과 견고성의 이슈다. 좀 더 정확한 예측과 솔루션을 목표로 하지만 여러 차례 수행을 하고 결과값이 틀려도 어느 정도 수용이 가능한 안면인식과 같은 기계학습을 하는 시나리오의 경우에는 신경망 알고리듬이 유리하다. 이와는 대조적으로, 잘못된 예측이 가져올 위험에 대해 수용이 어렵고 새로운 데이터들을 포함시켜 약간의 변화를 줬는데 이전에는 관측되지 않았던 이상한 패턴을 나타내어 곤란한 경우에는 서포트 벡터 머신이나 회귀분석이 유리하다.

데이터의 양이 제한되어 있을 때 신경망 모델을 사용하는 것은 곤란하다. 어떤 시나리오(데이터의 성격과 양, 추정하고자 하는 결과)에서 어떤 알고리듬이 더 안정적인stable인 결과를 내느냐를 파악하여 적절한 기계학습의 알고리듬을 선택해야 한다.

알고리듬을 선택할 때 또 다른 고려 요소는 결과에 대한 해석력 interpretability이다. 모델을 통해 어떤 예측이나 분류를 했을 경우 이런 결과가 도출되기까지의 논리적인 인과를 설명하는 것이 필요한지의 여부를 살펴보아야 한다. 의사결정트리는 결정 과정에 대해 가장 설명하기가 쉽고, 신경망과 랜덤 포레스트의 경우에는 결정 과정이 일종의 블랙박스여서 투명성이 낮으며 인과관계를 설명하기가 쉽지 않다. 법률이나 보건에 관한 이슈는 단순히 군집을 하는 것만으로는 충분하지 않아 딥러닝을 적용하는 것이 제한될 수도 있다.

인공지능 솔루션을 가동할 때 알고리듬뿐만 아니라 엄청난 양의 데이터에 접근해서 빨리 처리할 수 있느냐 또한 문제다. 하드웨어에 있어서도 애플과 화웨이 등이 AI칩을 개발하고 있고, 엔비디아가 2017년 발표한 페가수스 칩은 1초에 320조 개의 처리가 가능하다. 컴퓨터의 연산능력은 급속히 증가되고 있다.

[참고 ②] 2015년 이후 펀딩받은 미국의 인공지능 업체

주	기업명	총 자본금(백만 달러)
애리조나	Cyr3con	5.1
아칸소	Bond.ai	0.8
캘리포니아	Nuro	1032
콜로라도	Welltok	339
코네티컷	Butterfly Network	350
워싱턴 D.C.	Afiniti	102
델라웨어	ICM Hub	3.1
플로리다	CarePredict	17
조지아	FullStory	57
일리노이	Avant	655
인디애나	SmarterHQ	39
아이오와	IDx Technologies	48
캔자스	RiskGenius	8.0
켄터키	Wyzerr	2.5
루이지애나	Levelset	47
메릴랜드	Xometry	111
매사추세츠	Indigo Ag	792
미시간	May Mobility	87
미네소타	Inspectorio	14
미주리	Benson Hill Biosystems	127
몬태나	Aurelius Data	0.1
네브라스카	Bot Image	1.4
네바다	Cyrcadia	2.4
뉴햄프셔	ArtBnk	2.7
뉴저지	Flow	58
뉴멕시코	Descartes Labs	58
뉴욕	UiPath	1016
노스캐롤라이나	Pryon	25
노스다코타	Airtonomy	0.6
오하이오	Olive	68
오클라호마	iRecommend Software	1.9
오레곤	Lytics	58
펜실베이니아	Argo AI	500
로드아일랜드	The Innovation Scout	0.1
사우스캐롤라이나	Pandoodle	2.5
테네시	Digital Reasoning Systems	116
텍사스	StackPath	180
유타	XANT	264
버몬트	Faraday	5.5
버지니아	QOMPLX	95
워싱턴	Outreach	240
위스콘신	AIQ Solutions	3.2

(2020년 2월 24일 조사)

[참고 ③] 인공지능 국가 전략 인포그래픽

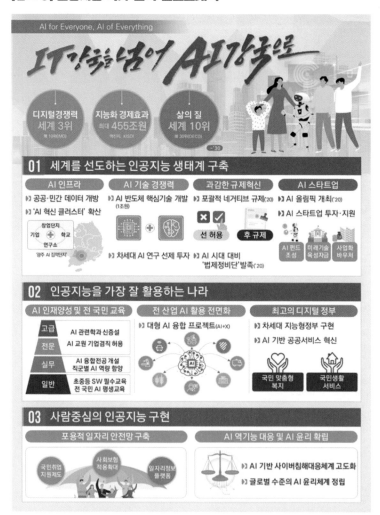

[자료- IT 강국을 넘어 AI 강국으로(2019.12.17. 발표)]

Artificial Intelligence

미주

1. Marco Iansiti and Karim R. Lakhani, 〈Competing in the Age of AI〉, Harvard Business Review, Jan-Feb 2020. pp.61-67.

2. '튜링 완전성'을 입증하기 위한 '튜링 테스트(Turing test)'는 기계(A), 인간(B), 인간인 심문자(C)의 삼자가 모여 A와 B가 각각의 방안에서 C의 질문에 서면 답변을 하여 C가 A를 인간으로 오인하는 경우 테스트를 통과하는 것이다. 이 경우 기계(A)는 반드시 정답을 얘기할 필요가 없고, 인간으로 오인하게끔 일부러 불분명하거나 틀린 대답을 하는 경우도 있다. 따라서 인간의 흉내를 낸다고 해서 반드시 지능적인 것은 아니다.

3. 데이터와 도형은 https://ratsgo.github.io/machine%20learning/2017/04/02/logistic/를 참고.

4. 훈련데이터를 학습하는 알고리듬에 해당하는 가설함수 $h_\theta(x)$와 비용함수 J, 경사하강법 도출 과정은 앤드류 응, 〈Model and Cost Function〉, Machine Learning, Coursera를 참고했다. 경사하강법은 함수 이해, 오차최소화 공식, 행렬(N×N), 벡터(하나의 칼럼만 있는 1×N 행렬) 개념을 이해하지 못하더라도 크게 상관없는 부분이므로 독자의 편의에 따라 수학공식들은 생략하고 읽어도 된다.

5. 정규방정식은 $\Theta=(X^TX)^{-1}X^Ty$이다. X^T는 변수x로 이루어진 X행렬의 전치행렬, $(X^TX)^{-1}$는 X전치행렬과 X행렬의 곱셈한 행렬의 역행렬을 의미한다. 이 방법은 경사하강법처럼 학습속도를 선택할 필요가 없고, 전체 최소값을 찾는 과정을 반복할 필요가 없는 장점이 있지만 특성(feature, 변수x)의 숫자(n)가 만 개 이상으로 많아지는 경우, n개×n개로 이루어진 X행렬이 포함된 $(X^TX)^{-1}$를 컴퓨터로 계산하더라도 많은 시간이 소요되어 속도가 느려진다. 그리고 선형 회귀분석이 아닌 복잡한 분류의 알고리듬 경우에 정규방정식을 적용할 수 없는 문제도 발생한다.

6. 배깅(Bagging)은 같은 유형의 알고리듬을 결합하여 사용하는 것으로 데이터 샘플링 시 서로 다르게 가져가면서 학습한다. Random forest가 대표적이다. Boosting은 여러 개의 분류기로 순차적으로 학습하면서 가중치를 제고(부스팅)한다. XGBoost(캐글대회 상위석권), LightGBM 등이 있다.

7. 통계에서 robust(견고)하다는 것은 이상치/에러값으로부터 크게 영향을 받지 않는 통계량을 의미한다.

8. Saimadu Polamuri. "How the random forest algorithm works in machine learning". Dataaspirant.com. May 22, 2017.

9. 조용래, 〈쉽게 쓰이는 GAN〉, 마이크로소프트웨어 391호, 2018.3.14. pp.78-87.

10. 방은주, 〈AI 기업 루닛, 유니콘은 당연 … 세계 AI 의료 시장 정복〉 ZDNet Korea, 2020.7.3.

11. 〈또 다른 신의 한수인가 AI 헬스케어〉, SBS 일요특선 다큐, 2019.10.29.

12. 〈AI가 전송영상 분석 … 15분 내 뇌경색 징후 판독〉, 매일경제, 2020.6.28.

13. 로지스틱 회귀와 딥러닝의 비교는 Risto Siilasmaa 교수의 유튜브 강연인 〈What is machine learning〉에 소개된 내용을 요약한 것이다.

14. 이 사례에서는 5개의 숫자 중 4개의 '0'과 1개의 '1'로 표시되는 5×1 벡터인데, 실제 모양은 한 개의 칼럼으로 만들어지고 0과 1의 숫자가 수직으로 배열된 것이지만 책의 인쇄상 편의를 위해 수평으로 '0'과 '1'의 숫자를 배열한 것으로 표기했다.

15. James Vincent, 〈AI translation boosted eBay sales more than 10 percent〉, The Verge, 2019.5.15.

16. ratsgo's blog. "딥러닝 기반 자연어 처리 기법의 최근 연구 동향." https://ratsgo.github.io/natural%20language%20processing/2017/08/16/deepNLP/.

17. RPA의 대표적인 도구(tool)인 UI Path의 구성요소는 4가지다. 컴퓨터를 사용하는 사람의 작업을 기록하는 recording으로 플로우차트나 드래그 앤드 드롭(drag&drop) 등이 불필요하다. recording은 작업을 그대로 복사한다. scraping은 불필요한 것을

제거하고 데이터를 뽑아내어 구조화하는 것이다. user event는 엔터키를 치거나 마우스로 클릭하는 것 등을 인식하는 것이다. 마지막 단계는 variable로 변수를 만들고 관리하는 것이다.

18. Multi Vu. "Danske Bank – Innovating in AI, reducing fraud." 2017.10.12. Hyper Right Data Talk, "Fighting Financial Fraud At Danske Bank – Lasse E.A. Christensen." 2017.11.22.를 참고.

19. Payment Journal, Mastercard's Data Driven Approach to Authentication&Fraud Prevention, 2019.8.22.

20. Jillian D'Onfro, "AI 50: America's Most Promising Artificial Intelligence Companies" Forbes, 2019.9.17.

21. Cary Stieg, "How this Canadian start-up spotted coronavirus before everyone else knew about it." Make It, 2020.3.3.

22. TW/ML Podcast with Sam Charrington, "How AI Predicted the Coronavirus Outbreak with Kamran Khan." 2020.2.1.

23. 모델의 예측 정확도(accuracy)를 나타내는 평가지표로 정밀도(precision), 재현율 (recall), F1스코어, ROC-AUC(Receiver Operation Characteristic Curve: 수신자 판단 곡선, Area Under Curve: ROC 곡선 아래 면적) 등이 있다.

24. Bernard Marr, "Big Data: Gaining Incredible Insights From Employee Records." Smart Data Collective, 2014.11.5.

25. http://news.chosun.com/site/data/html_dir/2017/02/22/2017022203649.html

26. Rich Evans, Jim Gao, "DeepMind AI reduces energy used for cooling Google data centers by 40%." https://blog.google/outreach-initiatives/environment/ 2016.7.20.

27. Ron Schmelzer, "AI Helping Extract Value In The Mining Industry."Forbes. https://www.forbes.com/sites/cognitiveworld/2019/08/09/#4f05bdc70063.

28. Eleonora Harwich, "AI could transform the way governments deliver public services."

Guardian. 2017.9.2. https://www.theguardian.com/public-leaders-network/2017/feb/09/.

29. M Trafadar, C Beath, and J Ross, "Using AI to Enhance Business Operations." MIT Sloan Management Review, 2019. 여름. pp37-38.

2017년 3,000명의 미국 · 유럽 · 아시아 · 호주의 고위 임원들을 대상으로 한 조사에서 63퍼센트가 Enterprise Cognitive Computing(업무용 인공지능)이 5년 이내에 조직의 서비스에 큰 영향을 줄 것이라고 답변했으나 106개 회사의 경우 절반 정도의 임원이 인공지능 애플리케이션이 없다고 응답하여 채택율은 낮은 것으로 나타나 인공지능에 투자하더라도 부가가치를 뽑아내는 것은 용이하지 않다는 점을 보여주었다.

30. 상게논문. p.38.

31. Andrew Ng, "How to choose your first AI project." Harvard Business Review, 2019.2.

32. Bruce Schneler, "Why 'Anonymous' Data Sometimes Isn't", Wired. 2017.12.

33. Wilson's Media, "AI Startup Cresta Launches From Stealth With Millions From Greylock And A16z." 2020.2.3.

34. http://news.chosun.com/site/data/html_dir/2020/05/14/2020051402686.html.

35. 리처드 서스킨드, 대니얼 서스킨드, 《4차 산업혁명 시대, 전문직의 미래》, 와이즈베리

비즈니스 리더를 위한 AI 활용법
교양으로서의 인공지능

초판 1쇄 발행 | 2020년 8월 5일
초판 2쇄 발행 | 2020년 9월 4일

지은이 | 이상진
펴낸이 | 전준석
펴낸곳 | 시크릿하우스
주소 | 서울특별시 마포구 독막로3길 51, 402호
대표전화 | 02-6339-0117
팩스 | 02-304-9122
이메일 | secret@jstone.biz
블로그 | blog.naver.com/jstone2018
페이스북 | @secrethouse2018
인스타그램 | @secrethouse_book
출판등록 | 2018년 10월 1일 제2019-000001호

ⓒ 이상진, 2020

ISBN 979-11-90259-30-9 03320